Marlis Bader

WOHNEN IN GUTER ENERGIE

Marlis Bader

WOHNEN IN GUTER ENERGIE

Räuchern und Rituale
für Haus und Wohnung

Kösel

MIX
Papier aus verantwortungsvollen Quellen
FSC® C013736

Verlagsgruppe Random House FSC-DEU-0100
Das für dieses Buch verwendete FSC®-zertifizierte Papier
Hello Fat Matt 1,1 liefert Condat, Le Lardin Saint-Lazare, Frankreich.

8. Auflage 2012

Umschlag: Elisabeth Petersen, München
Umschlagmotiv: Fancy/Jupiterimages
Druck und Bindung: Kösel, Krugzell
Printed in Germany
ISBN 978-3-466-34496-3

Weitere Informationen zu diesem Buch und unserem gesamten
lieferbaren Programm finden Sie unter www.koesel.de

INHALT

EINLEITUNG

Es dämmert und in den Häusern gehen die Lichter an. Ich bin acht Jahre alt, sitze im Auto meiner Mutter und wir fahren durch den Ort: vorbei an erhellten Fenstern, und für einen kurzen Moment bekomme ich Einblick in die verschiedensten Welten. Das flüchtige Bild, der kleine Ausschnitt einer fremden Wohnung, die an mir vorbeigleitet, erfüllt mein Herz mit unterschiedlichsten Stimmungen. Ich ahne, dass sich hinter jedem Fenster eine eigene Welt mit eigenen Gesetzen und Regeln, eigenen Gefühlen und Stimmungen auftut.

Völlig fasziniert versuche ich, mich in das eine oder andere Fenster hineingleiten zu lassen. Wie fühlen sich die Menschen an, die dort wohnen? Wer sind sie? Ein ganz eigener Kosmos aus Zeit und Raum eröffnet sich für mich – wie Bienenwabe an Bienenwabe. In manche der Waben werde ich hineingezogen, einige sind mir nah, andere stoßen mich ab. Weniger und weniger werden die Häuser, die erleuchteten Fenster seltener, wir verlassen die Stadt. Ich fange an, mich auf zu Hause zu freuen, auf unsere »Wabe«, die Welt meiner Familie.

Heute, drei Jahrzehnte später, stehe ich mit einer Räucherschale in der Hand in einer mir fremden Wohnung. In mir steigt die Erinnerung an dieses Kindheitserlebnis auf. Ich merke, dass mich damals etwas berührt hat, das mich bis heute nicht los lässt. Immer wieder bin ich fasziniert von all den unterschiedlichen Räumen und Welten, in die ich bei meiner Arbeit – der energetischen Hausreinigung – eintauche. Jedes Haus und jede Wohnung ist eine eigene Welt mit einer eigenen Dynamik und Geschichte. Der Raum spiegelt die Menschen wider, das, was sie mögen, was sie brauchen oder das, mit dem sie hadern. Seit ich von immer mehr Menschen gebeten werde, ihre Häuser und Wohnungen zu räuchern, ist mir aufgefallen, dass neben der aktuell dort herrschenden familiären Atmosphäre häufig noch etwas anderes mitschwingt, was das Wohngefühl bestimmt und prägt: die Vergangenheit, die Geschichte des Hauses. All die Menschen, die im Laufe der Zeit dort gelebt haben, haben feine Abdrücke hinterlassen – wie versteckte Botschaften.

Manchmal ist es so, als ob sich das Buch der Zeit aufblättert und Geschichten erzählt. Geschichten von Freud und Leid, von Trauer und Verlassenheit, von Sterben und Tod, von Nicht-loslassen-Wollen, von Hoffnung und Enttäuschung. Es sind Geschichten, die Menschen längst vergangener Generationen geformt haben und die die Menschen auch heute noch formen. All dies ist spürbar, bleibt stehen im Raum, will gesehen, gewürdigt und gelöst werden. Es gibt Orte, da blättert das Buch der Zeit weit in die Vergangenheit zurück, in eine Zeit, bevor dort Gebäude standen. Innere Bilder steigen auf, Jahrhunderte oder Jahrtausende zurück, auch sie wollen gesehen und mitgeteilt werden.

Ja, Häuser und Orte können nach Erlösung rufen. Es ist immer die menschliche Geschichte und ihre Auswirkungen, an der sie oft schwer tragen und die in Heilung gehen will.

Die Pflanzen waren es, die mich diesen Weg gehen ließen. Ich interessiere mich schon seit langem für Kräuter und Heilpflanzen. Auf der Suche nach abendländischem Kräuterwissen entdeckte ich auch die Kunst des Räucherns. Das Verräuchern von heimischen Kräutern, Wurzeln und Harzen, um Räume energetisch zu reinigen, begeisterte mich sehr.

Bald schon stellte ich eigene Räuchermischungen in Zusammenarbeit mit der Naturland-Gärtnerei »Blumenschule« in Schongau her. 2003 veröffentlichte ich mein Buch *Räuchern mit heimischen Kräutern* (ebenfalls erschienen im Kösel-Verlag) und in zahlreichen Seminaren gebe ich mein Pflanzenwissen weiter.

So war es ein natürlicher Schritt, in immer mehr Häuser gerufen zu werden, um dort zu räuchern bzw. energetisch zu reinigen. In zahlreichen Räucherungen ergab sich für mich eine immer wiederkehrende Struktur: Ich nenne sie die »vier Gesichter eines Hauses«. Aus diesen vier Ebenen ergibt sich die Wohnqualität eines Ortes. Zusätzlich nehme ich manchmal eine Art »dunklen Schleier« über einem Gebäude wahr. Dieser ist natürlich nicht wirklich sichtbar, sondern wirkt eher wie eine Art Traurigkeit oder Verlassenheit, die über dem Ort liegt. In diesem Fall ist meist in der Vergangenheit des Hauses schweres menschliches Leid geschehen. Diesen »dunklen Schleier«, der unabhängig von der Renovierung des Gebäudes wahrzunehmen ist, nenne ich den »Schmerzkörper« des Hauses.

Dieses Buch ist der Versuch, meine Erfahrungen zu benennen, ihnen Struktur zu geben. Übrigens: All die Erfahrungen, die ich hier mit Häusern beschreibe, gelten gleichermaßen auch für Wohnungen.

Und dies sei ebenfalls angemerkt: Sie werden im Laufe der Lektüre immer wieder auch auf Themen treffen, wie sie im Feng Shui vermittelt werden. Ich habe großen Respekt für die Weisheitslehren aller Völker, in diesem Fall vor der asiatischen, möchte mich aber trotzdem von der Feng-Shui-Lehre deutlich abgrenzen, da sie für mich nie von Interesse war und ich daher wenig Kenntnisse über sie habe. Mein Weg ist es, hier auf diesem Flecken Erde zu leben und von diesem Land und aus mir heraus zu schöpfen, eingebunden in die großartige Natur unserer Heimat.

Ein Hinweis für die Leserinnen und Leser:

Der Inhalt dieses Buches ist aus meiner persönlichen Anschauung heraus entstanden. Aus dieser persönlichen Wahrheit heraus werden Erfahrungen erlebt und diese wiederum prägen die persönliche Wahrnehmung. Ich bitte Sie daher, meine Wahrheit zu achten und Ihrer eigenen Wahrheit zu glauben. Denn jeder Mensch, der sich mit dem hier genannten Thema beschäftigt, wird eigene Erfahrungen machen, die sich von meinen unterscheiden können. Doch die Ideen und Erkenntnisse dieses Buches bieten die Chance, das eine oder andere Phänomen näher zu erfassen bzw. zu erklären.

Ich empfehle daher, beim Lesen der Zeilen immer wieder zu überprüfen, ob die geschriebenen Worte mit der eigenen Wahrnehmung übereinstimmen oder nicht. Jeder ist selbst für seine Wahrheit verantwortlich, aus der heraus das eigene Lebensgefühl, der Glaube und die jeweiligen Erfahrungen entstehen.

Marlis Bader, Sommer 2006

EIN HAUS HAT VIER GESICHTER

Es kommt häufig vor, dass nach einem Umzug Unwohlsein oder depressive Stimmungen auftreten. Äußerlich ist alles in Ordnung, denn der Umzug war schon lange geplant und das Haus oder die Wohnung scheinen ideal zu sein. Trotzdem fühlt man sich nicht richtig wohl. Was steckt hinter solch einer Situation?

Jeder kennt das: Wenn wir ein Gebäude, ein altes Haus, ein Museum, ein Amt oder einen Neubau betreten, werden wir mit unterschiedlichen Stimmungen konfrontiert. Wir fühlen uns leicht, beschwingt, wohl oder bedrückt, düster, ängstlich und niedergeschlagen. Der Grund dafür liegt darin, dass jedes Haus und jedes Gebäude sein eigenes Wesen, seinen eigenen Charakter und Ausdruck hat. Wenn man es betritt, begibt man sich also gleichzeitig in das energetische Feld des jeweiligen Gebäudes. Dieses zeigt sich in der Atmosphäre des Raumes und der Stimmung oder der Erinnerung, die uns überkommt. Es gibt Häuser, die neutraler sind und solche, die eine starke Eigenschwingung haben. Was verbirgt sich hinter dem Individuum Haus, das heißt hinter dem System eines Hauses?

Das Außen und das Innen erzeugen in Haus und Wohnung ein energetisches Feld.

Ein Haus hat vier Gesichter, die das individuelle Wesen (energetisches Feld/Haussystem) des Gebäudes ausmachen. Zwei der vier Gesichter oder Ebenen bestehen aus den äußeren Gegebenheiten.

So gehört in die *Ebene I* die Gestalt des Hauses, die Materialien, die Architektur, der Baustil und die Ausrichtung nach den Himmelsrichtungen.

Die *Ebene II* repräsentiert die Umgebung des Hauses: Damit ist die unmittelbare Umgebung (Straßen, Garten, Strommasten) gemeint sowie die größere landschaftliche Prägung (Wälder, Berge, Flüsse ...), in die das Gebäude eingebettet ist. Hinzu kommt der Ort selbst, auf dem das Anwesen steht. Hier sind eventuelle Wasseradern und Erdstrahlen von Bedeutung.

Die *Ebenen III und IV* stehen für die inneren Gesichter. Sie sind für Außenstehende nicht zu sehen. Trotzdem können sie wahrgenommen werden und tragen zur Atmosphäre des Ortes bei. In die *Ebene III* – »die Ahnen des Hauses« –, gehören sowohl die aktuell dort lebenden Menschen als auch alle Familien und Personen, die in der Vergangenheit dort gelebt haben und auch die

Erbauer bzw. Besitzer des Anwesens. Diese Seite stellt die gesamte menschliche Linie des Hauses dar. Die *IV. und letzte Ebene* repräsentiert die Geschichte des Ortes und zeigt seine Vergangenheit auf: Standen vor der jetzigen Bebauung bereits andere Gebäude dort? Wie wurde der Ort bisher genutzt? War es ein geschichtlicher Platz, zum Beispiel ein ehemaliges Schlachtfeld, eine Keltenschanze etc.?

An manchen Orten ist für mich noch eine feinstoffliche Präsenz spürbar, die ich den *Geist des Ortes/Genius Loci* nenne. Auch seelische Wesenheiten können von Fall zu Fall wahrgenommen werden. Das sind Wesenheiten, die durch unsere innere Bilderwelt mit uns kommunizieren. In der Märchen- und Sagenwelt nehmen sie die Gestalt von Hauswichteln oder Hausgeistern (keine »Gespenster«) an. Sie repräsentieren den »guten Geist«, eine seelische Qualität des Ortes. Ist eine oder sind mehrere dieser Ebenen im Ungleichgewicht oder verletzt, so spiegelt sich dies in der Atmosphäre des Hauses wider.

Die vier Gesichter eines Hauses:			
Genius Loci – der Geist des Ortes			
Die Gestalt des Hauses	**Die Umgebung des Hauses**	**Die Ahnen des Hauses**	**Die Geschichte des Ortes**
• Art des Baues, Stil, Materialien • Einbettung in die Himmelsrichtungen	• Landschaftliche Prägungen (Wald, Berge, Flüsse, Hügel, Straßen) • Unmittelbare Umgebung (Straßen, Garten, Strommasten) • Platz, an dem es steht (Erdstrahlen, Wasseradern, Kreuzungen)	• Die Erbauer des Gebäudes • Alle ehemaligen und jetzigen Eigentümer und Besitzer • Familien und Menschen, die darin gelebt, gearbeitet, gestorben sind	• Die Geschichte des Hauses (Umnutzungen etc.) • Zeitdimensionen (Geschichte) des Ortes
Elementarwesen des Hauses und Naturwesen des Ortes			

Das erste und zweite Gesicht des Hauses

Auf die Ebene I und II möchte ich im Folgenden nur kurz eingehen, da das Hauptthema dieses Buches die beiden inneren Gesichter, also Ebene III und Ebene IV sind. Es ist sicherlich verständlich, dass ein Haus mit 0,5 m dicken Mauern aus Feldsteinen eine andere Art der Wohnqualität besitzt als ein Holzhaus mit 0,25 m dicken Wänden. Ein Haus aus Beton ist anders als eines aus Lehm usw. Auch die Architektur spielt eine große Rolle: Sind die Räume hoch, voller Fenster oder niedrig und verwinkelt? All das löst in uns unterschiedliche Empfindungen aus und spricht verschiedene Menschentypen an. Wer sich von einem bestimmten Haus angezogen fühlt, wird sich darin auch wohl fühlen, weil es seinem Typus oder seiner momentanen Lebensaufgabe/Lebenssituation entspricht.

Die Atmosphäre und damit unser Empfinden werden auch von der bereits erwähnten Umgebung des Hauses geprägt. Es ist ein Unterschied, ob sich das Haus in einer Stadt, einem Dorf oder in Alleinlage befindet. Bereits unsere Vorfahren gingen sehr intuitiv und achtsam mit der Wahl ihrer Bauplätze um, und selbst kleinere Gebäude wurden harmonisch in die Umgebung eingebettet. Wenn ich alte Feldscheunen sehe, an einen Hügel geschmiegt, umgeben von Holunderstauden, der Sonne entgegenblinzelnd, weiß mein Körper, dass es ein guter Platz ist, und ich setze mich gerne dort hin, um zu rasten und Energie zu tanken. Die Plätze, die zum Verweilen einladen, wo der Mensch das Gefühl hat, dass er dort rasten oder gar ein Nickerchen machen möchte, das sind die Plätze, an denen sich unser Energiesystem wieder auflädt.

Oft überkommt uns da eine beschauliche Ruhe, ein Ankommen oder eine Müdigkeit, und man bleibt länger gedankenverloren sitzen, als man vorgehabt hat. Fast

Dort, wo wir gern verweilen, wird unsere Lebenskraft gestärkt.

unbemerkt lädt sich in dieser Zeit unsere Lebenskraft erneut auf und gestärkt und zufrieden können wir zu unseren Alltagsbeschäftigungen zurückkehren. Die Alten wussten schon, wo und wie sie bauen mussten und haben Zweckmäßigkeit mit Schönheit, Harmonie und Wohlbefinden verbunden. Auch bei feinfühliger neuer Architektur, vom Architekten mit Gespür in die Umgebung eingebettet, fließt Lebensenergie zu uns zurück. Es ist daher nicht nur Althergebrachtes stimmig und schön, sondern auch Modernes – mit Sinn und Herz erbaut – kann die Lebenskraft stärken.

Werden hingegen Gebäude wie Klötze auf die Wiese gestellt, wie zum Beispiel die vielen neuen Einkaufszentren in der Peripherie unserer Städte und Gemeinden, wird Lebensenergie abgeschnitten oder blockiert. Das gilt nicht nur für den einzelnen Menschen, sondern für die gesamte Umgebung. Dadurch wird eine gewisse latente Unruhe und Unzufriedenheit gefördert, und diese Unzufriedenheit wiederum wird von vielen Menschen durch vermehrtes Konsumverhalten unterdrückt.

Interessant sind die verschiedenen Richtlinien, wie Häuser in die Himmelsrichtungen ausgerichtet wurden. Der Bezug zu den Himmelsrichtungen, der unseren Vorfahren und allen naturnahen Völkern so wichtig war, ist dem modernen Menschen völlig abhanden gekommen. Wenn Sie einen beliebigen Menschen auf der Straße ansprechen und fragen, wo an diesem Ort welche Himmelsrichtung ist, werden 95 % der Menschen es nicht wissen. Natürlich ist allgemein bekannt, dass der Süden die Sonnenseite und der Norden auf unserer nördlichen Erdhalbkugel der Schattenplatz ist. Im Osten geht die Sonne auf und im Westen geht sie unter. Das bedeutet also Morgensonne = Osten, Abendsonne = Westen. Aber wie ist es an einem bewölkten Tag, nachmittags um 14 Uhr in irgendeiner Straße oder in geschlossenen Räumen, zum Beispiel während des Einkaufens? Wissen wir wenigstens ungefähr, wo die Himmelsrichtungen liegen?

Diese Frage ist keinesfalls unwichtig oder unzeitgemäß. Es zeigt deutlich, dass der moderne Mensch sein natürliches Raumgefühl verloren hat. Nicht mehr im Raum eingebettet zu sein, das heißt unter dem Himmelszelt, wie die Dichter so schön sagen, schafft eine permanente Desorientierung. Ich selbst bin in einer Gegend aufgewachsen, in der die Alpenkette weithin sichtbar sich von Süd-Südost über Süden nach Süd-Südwest zieht. Dadurch war mir bereits als Jugendliche immer bewusst, wo Süden ist und dementsprechend die anderen Himmelsrichtungen sind. Dieses starke Richtungsgefühl nahm ich mit, als ich einige Jahre im flachen Norddeutschland lebte. Die Himmelsrichtungen waren mir wie selbstverständlich eingepflanzt und so konnte ich mich immer orientieren. Dies zeigt, wie natürliche Gegebenheiten wie Seen, Meere, Berge unser Richtungsgefühl prägen und unterstützen.

So entwickeln Sie Gespür für die Himmelsrichtungen:

1. Achten Sie darauf, in welche Himmelsrichtungen Ihr Haus/Ihre Wohnung liegt: Fällt am Morgen die Sonne herein oder frühstücken Sie in der Morgensonne = Osten.
   Zimmer, die hell und meist voller Sonnenlicht sind = Süden.
   Räume, in die das rötliche Abendlicht fällt = Westen.
   Sie können sich auch einen Kompass besorgen (ein einfacher Kinderkompass erfüllt durchaus schon seinen Zweck) und nun genau prüfen, wie Ihre Wohnung in die Himmelsrichtungen eingebettet ist.
2. Wenn Sie an einem sonnigen Tag unterwegs sind, achten Sie auf die Tageszeit und den entsprechenden Sonneneinfall. Immer wieder testen Sie: Von wo kommt die Sonne, jetzt, am Vormittag, Mittag oder Nachmittag? Und Sie werden sofort wissen, wo Osten oder Westen ist. Nun stellen Sie sich die restlichen Himmelsrichtungen vor. Das Zentrum sind Sie und über Ihnen ist der Raum des Himmels.
3. Fühlen Sie die Wetterseite der Bäume. Gehen Sie zu einem Baum, schließen Sie die Augen und umfassen

Sie den Stamm. Achten Sie darauf, an welcher Seite die Rinde rauer und bemoost ist. Diese Seite ist die Wetterseite. Gehen Sie so um mehrere Bäume herum. Handelt es sich um eine Baumgruppe, so ist bei allen Bäumen die gleiche Seite bemoost. Überlegen Sie, von welcher Seite in Ihrer Gegend der Wind den Regen und Schnee bringt. Bei mir im Allgäu beispielsweise ist die Nord-Westseite die Wetterseite der Bäume.

Wenn man freistehende alte Gebäude, meist Gehöfte, unter dem Gesichtspunkt der Himmelsrichtungen betrachtet, fällt Folgendes auf: Ein freistehender Hof wurde oft mit den Hausecken in die Hauptrichtungen gestellt, wie die stark vereinfachte Zeichnung zeigt.

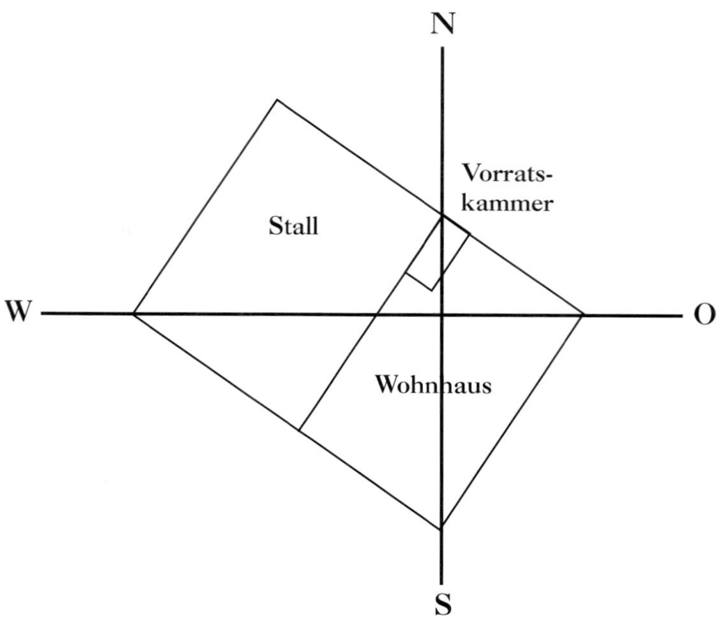

Das heißt, dass die vordere Ecke des Wohnhauses im Osten liegt und die hintere Stallecke im Westen. Auf diese Weise gibt es keine frontale Nordseite und in jedes Zimmer (auch in den N/O- und N/W-Räumen) kommt einmal am Tag das Sonnenlicht. Nur eine kleine Kammer im Norden hat kein Sonnenlicht, und das ist auch gut so, denn hier befindet sich das Vorratslager, die Speisekammer.

Befindet sich ein Haus oder ein Hof in einem Dorf oder in einer Stadt, so ist das Wohnhaus oft Richtung Straße gelegen. Die Straße ist in diesen Fällen wichtiger als die Himmelsrichtungen. Warum? Die Dorfstraße war nicht immer ein Quell des Stresses. Sie war und ist vielleicht immer noch die Lebensader des Ortes. Man wollte sehen und gesehen werden. Das Neue kam über die Dorfstraße ins Dorf. Neue Ideen, neue Waren, neue Gesichter. Dies hatte den Höhepunkt auf dem Dorfplatz und es ist nur natürlich, dass die Häuser ihre Gesichter diesem Treiben zuwandten, genau wie die Menschen es taten und immer noch tun.

Auch auf das Thema Erdstrahlen und Wasseradern wurde in früheren Zeiten, besonders in bäuerlicher Umgebung viel Wert gelegt. Man achtete sehr darauf, das Haus und den Stall auf spannungsfreien Boden zu bauen. Dafür wurde meist vor dem Bau ein Rutengänger geholt, oft selbst Bauer und in der Umgebung bekannt für sein Talent, um den Platz auf Störfelder zu untersuchen. Doch selbst wenn kein Rutengänger zu Hilfe kam, waren die Menschen mit ihren Böden verwachsen und wussten, wo ein guter Platz zum Bauen war. Auch heute noch ist gerade bei der ländlichen Bevölkerung diese starke Verbundenheit zwischen Mensch und Land spürbar. Folgende Begebenheit einer Selbsterfahrungsgruppe, an der ich teilnahm und die sich mit dem Thema Tod und Sterbeprozesse auseinander setzte, mag das veranschaulichen:

Der Seminarort war ein angemietetes, eingezäuntes Grundstück in den Bergen. Die Teilnehmer bekamen die Aufgabe, für sich ein »Grab« auszuheben, in das sich die einzelnen Personen zur Meditation legen sollten. Eine Seminarteilnehmerin verließ mit ihrem Spaten das vorgegebene Grundstück, um am Waldrand eines nahe gelegenen Waldes ihre Kuhle zu schaufeln. Kein Mensch war in dieser einsamen, abendlichen Gegend unterwegs. Als die Frau schon fast fertig war, kam der Besitzer des Waldes, ein ansässiger Bauer, schwer atmend herbeigeeilt. Sprachlos stand er vor dem großen Loch und als er erfuhr, worum es sich dabei handelte, musste er sich erst einmal auf einen Baumstumpf setzen. Er hatte nichts gesehen und von nichts gewusst, als ihn plötzlich nach der Stallarbeit eine Unruhe überfiel. Er spürte, dass in seinem Wald etwas Ungewöhnliches vor sich ging und hatte sich aufgemacht, um nach dem Rechten zu sehen. Diese Begebenheit zeigt diese Verbundenheit deutlich auf.

Das dritte Gesicht des Hauses

Mit der III. Ebene, die Ahnen des Hauses, bezeichne ich die menschliche Vergangenheit des Gebäudes. Dazu gehören die vergangenen Bewohner, Familien bzw. Geschäftsinhaber, Erbauer oder Besitzer. Dabei spielt es nur eine untergeordnete Rolle, ob diese jemals selbst dort gewohnt haben oder nicht. Hinzu kommt die Familie

Häuser und Wohnungen werden von der menschlichen Vergangenheit geprägt.

oder Person, die im Moment dort wohnt oder arbeitet. Insgesamt gehören alle Menschen dazu, die entweder Lebenszeit in dem Gebäude verbrachten oder Energie, zum Beispiel in Form von Geld oder Arbeit, in dieses Haus haben fließen lassen. Bei Mietshäusern mit mehreren Parteien gehören die gesamten Vormieter der einzelnen Wohnung und ihr Besitz dazu. Wie diese menschliche Vergangenheit in einem Gebäude weiterlebt und mit welcher Auswirkung, wird in den weiteren Kapiteln dieses Buches ausführlich erläutert.

Nicht alle Bewohner, Vermieter oder Besitzer bleiben energetisch mit den Gebäuden verwoben. Es ist auch nicht notwendig, von allen die Namen und Lebensgeschichten zu kennen. In der Praxis zeigt sich, dass die wenigsten der heutigen Bewohner viel über die vergangenen Bewohner wissen. Trotzdem gebe ich stets –

bevor ich zu den Häusern oder in die Wohnungen komme – den Auftrag, sich über die Vergangenheit zu informieren. Es ist ein Teil der Auseinandersetzung, die Vergangenheit in das Bewusstsein zu holen.

Man kann zum Beispiel Nachbarn oder Besitzer über ihre Erinnerungen befragen, wobei es nicht darum geht, das Privatleben der Vormieter auszuspionieren. Das Erforschen der Vergangenheit bedeutet vielmehr, sich mit Respekt und Achtung zu erkundigen, ob für die Betroffenen schwierige Situationen in dem Gebäude erlebt wurden. Dadurch können mögliche Muster und Themen aufgezeigt werden. Es ist hier von Bedeutung, dass ohne Beurteilung und Wertung vorgegangen wird. Mit dem wertfreien Wissen um die Vergangenheit des Ortes befreie ich mich von den dort verankerten Strukturen und schaffe Platz für ein Gefühl tiefer Verbindung.

Das vierte Gesicht des Hauses

In der IV. Ebene wirkt die noch ältere Vergangenheit – das heißt die Zeit vor der jetzigen Bebauung, die historischen Ereignisse. Orte tragen oft eine Geschichte, die sich in Flur-, Straßen- oder Hausnamen ausdrückt. Namen wie »Streitacker«, »Franzosengraben«, »Teufelseck«, »Totengraben«, »Schinderkrempe«, »Wallstraße« usw. deuten auf bestimmte Vorgänge in der Vergangenheit hin. Nicht immer aber haben historische Ereignisse ortsgebundene Auswirkungen, die bis in die heutige Zeit spürbar sind. Der Flurname »Zum Franzosengraben« deutet zum Beispiel auf einen Kriegsschauplatz der Franzosenkriege hin. Schon die Benennung des Ereignisses im Straßennamen bedeutet jedoch eine Würdigung: Denn sie hebt dieses historische Ereignis ins Bewusstsein der Menschen und kann dadurch Heilung bewirken. Darüber hinaus wird durch den Alltagsgebrauch die Dramatik des Geschehens neutralisiert und damit die Geschichte wertungsfrei integriert.

Einerseits kann also durch die Benennung nun Heilung geschehen, andererseits aber kann dadurch auch eine Fixierung oder Bindung an die Vergangenheit stattfinden, wodurch der Ort keinen Frieden finden wird. Ortsnamen wie »Teufelseck«, »Teufelsküche«, »Höllentor« usw. sind oft »unerlöste Orte«. Damit ist gemeint, dass im Laufe der Geschichte an dieser Stelle etwas erlebt wurde, was den Menschen Angst einflößte und daraufhin verteufelt und verdrängt wurde. Nach meiner Erfahrung tragen häufig alte, vorchristliche Kultplätze Teufelsnamen, sofern sie nicht durch Kirchen- oder Klosterbauten christianisiert worden sind.

Historische Funde bzw. historische Orte und Stätten in der Nähe oder Sagen in der Umgebung erzählen uns manchmal mehr über vergangene Ereignisse. Obwohl die Begebenheiten oft weit zurückliegen, können sie, wenn sie ungelöste Impulse in sich tragen, noch wirksam sein. Auch die Umfunktionierung eines Gebäudes kann sich noch lange auf die Umgebung auswirken. In ehemaligen Wirtschaften, Zollstationen, Schlachthäusern, Gefängnissen, Krankenhäusern etc., die umgebaut und zu Wohnungen umgestaltet wurden, kann die Atmosphäre der Vergangenheit noch zu spüren sein und das Wohlbefinden der heute dort lebenden Bewohner beeinflussen.

Wie lange sich Unerledigtes bzw. Unerlöstes an einen Ort binden kann, zeigt folgende Begebenheit:

DER VERRAT

Ich wurde zu einem auffallend lang gestreckten Haus in einem Neubaugebiet gerufen, um eine Hausräucherung vorzunehmen. Dieses war auf einer ehemaligen landwirtschaftlichen Fläche erbaut und erschien mir auf den ersten Blick – energetisch gesehen – völlig neutral. Vor der Bebauung hatten die Bauherren, eine Familie Kampf*, den Bauplatz nach Wasseradern und Erdstrahlen untersuchen lassen. Alles war zufriedenstellend und doch gab es an einer Seite des langen Gebäudes Probleme. Dieser Teil wurde vermietet, aber die Mieter blieben nie lange. Sie zogen immer wieder ohne ersichtliche Gründe aus und nicht selten gab es mit ihnen Streit. Eine gewisse Unruhe lag über diesem nördlichen Teil des Hauses, während der restliche Teil eine gute und solide Atmosphäre ausstrahlte. Was war los in diesem langen Gebäude, dessen energetisches Feld zweigeteilt war?

* Der Name wurde aus Gründen des Persönlichkeitsrechts geändert, aber so gewählt, dass der inhaltliche Bezug zum dargestellten Geschehen nachvollziehbar bleibt.

Beim Umrunden des Gebäudes fiel mir auf, dass durch das Haus eine emotional negativ aufgeladene Achse spürbar war. Beim Umgehen des Geländes reagierte mein Körper an zwei sich gegenüberliegenden Stellen immer gleich: Mir wurde schlagartig flau im Magen, die Beine wollten mir wegknicken, Übelkeit und erhöhter Herzschlag machte sich dort bemerkbar. Zwischen diesen beiden Stellen befand sich der schwierige Teil des Gebäudes.

Als Nächstes fiel mir der Pflanzenbewuchs des dazugehörigen Gartens auf. Wenn ich zu Häusern gerufen werde, achte ich stets, der Jahreszeit entsprechend, auf den Pflanzenbewuchs im Garten oder in der Umgebung. Von Interesse ist dabei nicht nur das Angepflanzte, sondern vor allem das, was von selbst wild wächst. In diesem Garten waren die vielen stattlichen Königskerzen und ein wunderbar großer Steinklee auffallend. Dies sind beides Pflanzen, die gerne auch auf kiesigem Untergrund und an sonnigen Plätzen wachsen. Mir ging es hier aber um etwas anderes. Beide Pflanzenarten wachsen bevorzugt an Orten mit erhöhter Spannung, zum Beispiel unter Strommasten, an Bahndämmen etc., oder dort, wo erhöhte emotionale Spannung vorhanden ist. Der Steinklee, dessen Glykoside blutverdünnend wirken, wächst nach meiner Beobachtung gerne auf ehemaligen Kampfplätzen oder Lagerstätten. Für mich war daher klar, dass, obwohl keine Erdstrahlung oder Ähnliches vorhanden war, auf dem Gelände Spannung vorhanden sein musste.

Wenn ich keinen Hinweis von außen über die Spannungsursache erhalte, versuche ich nun, mich mit dem energetischen Feld des Ortes zu verbinden. Durch innere

Sammlung und das Aussprechen des Anliegens trete ich dann in Kontakt mit dem »Geist« (*Genius Loci*) des Ortes. Nachdem dies stattgefunden hat, mache ich mich gedanklich leer und warte auf innere Bilder, Gefühle oder Hinweise. In diesem Fall zeigten sich die inneren Bilder sofort: Ich sah das Bild einer Schlacht und die Ermordung eines Volksstammes durch Verrat. Die Menschen trugen einfache Leder- und schmutzige Stoffbekleidung. Als Waffen benützten sie Messer, Pfeil und Bogen, Lanzen und Schwerter. Frauen, Kinder und Krieger wurden hinterrücks überfallen und ermordet. Aber auch ein älterer, starker Mann rückte mir ins Bewusstsein. Er war der Anführer der überfallenen Sippe. Verzweiflung, Hass und die Erkenntnis des Verrats aus den eigenen Reihen verdunkelten seine Gesichtszüge. Für mich war klar, dass dieser Mann die zentrale Person zur Lösung der Situation sein wird, da er in seinem ungelösten Schmerz die Erinnerung an das Ereignis hält.

So, wie sich mir dieses Bild darstellte, musste sich das Geschehen vor mehr als 2000 Jahren ereignet haben. Ich war sehr überrascht, denn so weit zurück hatte sich das »Buch der Zeit«, wie ich es nenne, für mich noch nie aufgeblättert. Mir wurde bewusst, wie lange sich die energetische Information menschlichen Leids, zusammen mit Blutvergießen, unter bestimmten Voraussetzungen halten kann.

Wenn ich in meiner Arbeit bin, ist kein Raum für Zweifel, ob etwas historisch richtig ist oder nicht. Während der Arbeit ist mein Bewusstsein erweitert, neutral und ohne Skepsis. Wie kann man mehr als 2000 Jahre später diesen schmerzhaften Abdruck der Zeit wieder lösen? Eine innere Kommunikation mit dem Anführer der Schlüsselperson war mir nicht möglich, da er mich offensichtlich nicht wahrnahm. Plötzlich stieg der Satz »der Name ist der Schlüssel« in mein Bewusstsein auf. Zuerst wusste ich nicht, was damit gemeint sein sollte. Dann fiel mir plötzlich der Name von Frau Kampf auf. Das war mehr als ein Zufall! Gewiss hatte der Name einen gewissen Bezug zum vergangenen Geschehen, aber weshalb war das sogar der Schlüssel? Da erzählte mir Frau Kampf, dass ihr eigentlicher Name *von Kampf-Lanze* sei. Ihr Mann stamme aus einem alten Rittergeschlecht, der Großvater allerdings wollte nicht mehr einen so gewalttätigen Namen tragen und verkürzte ihn zu Kampf.

Daraufhin verspürte ich den Impuls, in Kontakt mit dem höheren Selbst der Ahnen dieser Familie zu treten, um von deren Kriegern Hilfe zu erbitten. Augenblicklich erschienen sie vor meinem inneren Auge, und zwar mit Rüstung und Schwertern. Ich bat sie, mit dem alten Kriegsherrn zu verhandeln, da es um die Würdigung seiner Kriegerseele ging. Denn der unerlöste Schmerz der ermordeten Sippenmitglieder wurde nur von der Verzweiflung und der verletzten Kriegerehre dieses alten Anführers gehalten. Vor meinem inneren Auge stellte ich die Ritter vor den alten Sippenführer. Sofort reagierte er auf sie, erkannte in ihnen – trotz der unterschiedlichen Zeiten – seinesgleichen. Es entstand eine nonverbale Kommunikation zwischen den beiden Parteien.

In den Impulsen, die ich aufnahm, ging es um die klassischen Tugenden wie Würde, Ehre, Friede. Plötzlich gab ein Ritter dem Alten eine Lanze. Er nahm sie und stieß sie feierlich in die Erde. Es war das Zeichen, den Kampf ruhen zu lassen – ihn endgültig zu beenden.

Mit einer segnenden Räuchermischung, in die ich auch die Blüten und Blätter der im Gelände wachsenden Königskerze und des Steinklees gemischt hatte, gingen wir nun durch die Räume und um das Gebäude herum, um die Lösungsenergie zu verankern. Einige Tage später rief mich Frau von Kampf-Lanze an, um mir mitzuteilen, dass die Ringstraße in der Nähe »Zur Keltenschanze« heiße und dass auf ihrem Anwesen nach der Ritualarbeit nun Friede eingekehrt sei.

Über ein Jahr nach dieser rituellen Ausräucherung bat ich die Familie um Erlaubnis, die Begebenheit in meinem Buch zu verwenden. Dabei fragte ich nach, ob die Situation im Haus weiterhin entspannt geblieben sei. Freudig bejahte Frau Kampf und betonte, dass seitdem die Atmosphäre im ganzen Haus sehr angenehm ist.

Genius Loci und Naturwesenheiten

Was ist nun der erwähnte *Genius Loci* eines Ortes? Schauen wir einmal, was das Fremdwörterlexikon darüber schreibt: lat. *genius* = »Schutzgeist«; im Spätlateinischen entwickelte »genius« die Bedeutung »Schöpfergeist«. Das Verb *genere* bedeutet »hervorbringen, erzeugen«. Das spätlat. Wort *localis* bedeutet »örtlich«. Dies ist eine Bildung zu *locus* – Ort, Platz, Stelle. (Duden *Das Herkunftswörterbuch*)

Genius Loci ist also der Geist des Ortes oder – anders ausgedrückt – eine der Örtlichkeit innewohnende abstrakte Intelligenz. Im heutigen modernen Sprachgebrauch könnte man auch sagen: das System eines Ortes. Diese Intelligenz sorgt dafür, dass in dem System des Ortes Ausgleich und dadurch Harmonie herrscht. Wird diese Harmonie gestört, versucht das System einen Kanal zu finden, um dies auszudrücken. Das können

Genius Loci: die Intelligenz im System sorgt für Harmonie.

zum Beispiel Kinder sein, die besondere Träume haben oder Gestalten sehen, oder auch Stimmungen, denen die dort lebenden Menschen immer wieder ausgesetzt sind. Denn alles Spannungsgeladene will in Lösung – sprich Erlösung gehen.

Wenn weder in der Familie noch in der Geschichte des Ortes oder des Hauses Unerlöstes zu finden ist und die Bewohner des Hauses sich dort trotzdem unwohl fühlen, versuche ich immer, mit dem Geist des Hauses, dem Genius Loci, Kontakt aufzunehmen. Das heißt, ich versuche, mich mit dem Haus zu verbinden, in Resonanz mit der Schwingung des Hauses zu gehen, um die Blockade bzw. Störfrequenz zu erkennen. Meine persönliche Art ist es, mit diesem Genius Loci »zu sprechen«. Dabei ist mir bewusst, dass es sich um keinen menschenähnlichen Geist handelt, sondern um ein abstraktes System, in dem eine Vielfalt von Informationen gespeichert ist. Diese Informationen versuche ich abzurufen. Durch Konzentration und mit Hilfe meiner Atmung mache ich mich frei von Gedanken, um in diesem Zustand vollkommener Ruhe die Schwingung des Hauses aufzunehmen. Und dies spielt sich auf der Empfindungsebene ab. Ich lasse mich sozusagen in das energetische System hineingleiten mit der Frage, was in Heilung gehen will.

Dabei steigen in mir Bilder auf, die mir die gewünschten Informationen geben (so, wie in dem Beispiel auf Seite 28 ff.). Dies kann in Sekundenschnelle geschehen. Häufig kommen sehr unerwartete Dinge heraus und ich durfte dadurch sehr viel über verschiedene »Welten« lernen, so zum Beispiel über die Ebene der Naturwesenheiten. Da ich viel mit Pflanzen und in der Natur arbeite, sind mir diese Wesenheiten vertraut. In Märchen, Sagen und Mythen wird viel davon berichtet. Glücklicherweise ist mir aus meinen Kindertagen eine bestimmte Sichtweise der Natur erhalten geblieben. So geschieht es immer wieder, dass ich innerlich Elementar- und Naturwesen wahrnehme. (Empfehlenswerte Literatur hierzu gibt es von Marko Pogacnik, siehe Seite 166.)

Das Bild, das unsere Märchen von diesen Wesen zeichnet, ist nur ein Versuch, etwas scheinbar Körperloses in eine Form, das heißt in einen für uns nachvollziehbaren Körper zu bringen. Für mich sind diese Wesen reine, lebendige Schwingung, die aber eine eigene Art von Intelligenz besitzen und Gefühlsimpulse aussenden. Diese Wesen können sehr gezielt in die Materie eingreifen. Wenn diesen Wesen nun ihr natürliches Aufgabenfeld entzogen wird, in dem zum Beispiel ein Haus auf ihrem angestammten Platz errichtet wird, kann es zu massiven Störungen kommen.

Typische Störungen sind dabei alle möglichen Widrigkeiten während des Baus, wie zum Beispiel nicht richtig abbindender Mörtel, herunterfallende Materialien, Maschinen, die kaputtgehen usw. Wenn das Haus dann steht, kommt es häufig zu Störungen im elektrischen Bereich oder Wasserleitungssystem: Lampen flackern, glucksende oder pochende Geräusche sind zu hören, der Wasserstrahl lässt sich schwer regulieren etc. – also entnervende, aber ungefährliche Störungen, die dennoch ein relativ heftiges Ausmaß erreichen können.

Letzten Endes aber sind all dies Auswirkungen desorientierter Naturwesen, die dadurch auf ihre Situation aufmerksam machen wollen. Ein Lösungsweg kann sein, die im Energiefeld tätigen Elementarwesen zu bitten, ihr Tätigkeitsfeld den Umständen anzupassen und im Haus unterstützend zu wirken. Wenn dies nicht möglich ist, kann auch ein Platz im Garten zur Verfügung gestellt werden. Dieser Platz wird dann ihnen zu Ehren gestaltet, zum Beispiel mit Hilfe eines großen Steins, eines Baumes etc., damit sie sich von nun an darauf fokussieren können.

KURHOTEL

Eines Tages rief mich eine Mitarbeiterin der Bäderabteilung eines Moorheilbades an und bat um meinen Rat. Die Belegschaft dieses Heilbades fühlte sich seit Jahren nicht mehr wohl an ihrem Arbeitsplatz. Die Mitarbeiter litten an häufigen Erkrankungen, Unwohlsein und hoher Personalwechsel war die Folge. Das jetzige Team verstand sich persönlich sehr gut und wollte dem Ursprung des Unwohlseins an ihrem Arbeitsplatz auf den Grund gehen. Mit Absprache der Chefetage führte ich gemeinsam mit dem Team ein Räucherritual in der Bäderabteilung des Kurhotels durch.

Das Hotel wurde Ende der 80er-Jahre am Rande eines Naturschutzgebietes in einer Moorwiese nahe eines Moorsees gebaut. Die ausgesprochen schöne und wohltuende Umgebung bildet mit dem See im Mittelpunkt einen großen Naturtempel. Beim Bau des Gebäudes wurde ausschließlich auf die menschlichen Bedürfnisse geachtet, während Überlegungen zum Schutz der Natur bewusst vermieden wurden. Vor Baubeginn gab es deshalb diverse Auseinandersetzungen mit ansässigen Naturschützern. Um die eigenartige Dynamik in dem Gebäude zu verstehen, war es wichtig, diese Hintergrundinformationen zu kennen.

Zum starken Unwohlsein der Mitarbeiter kamen massive Störenergien im Gebäude hinzu: In der gesamten Bäderabteilung gab es Schwierigkeiten mit der Stromversorgung und mit dem Wassersystem: Es flackerten die Lichter, die Lichtschalter funktionierten nur unregelmäßig, Glühbirnen explodierten, der Wasserstrahl spritzte zu stark oder es floss gar kein Wasser.

Hinzu kamen quakende, tickende und glucksende Geräusche, die nicht zu steuern waren. Kein Handwerker konnte die Ursache finden und alle waren ratlos.

Als ich das erste Mal die Abteilung betrat, zog es mir sprichwörtlich den Boden unter den Füßen weg. Ich konnte mich kaum aufrecht halten. Das ganze System des Gebäudes war massiv gestört. Da in den Räumen eine große Spannung spürbar war, schlug ich der Gruppe vor, einen Schutzmantel aus Licht zu visualisieren. Interessanterweise war dies unmöglich, da wir ununterbrochen von außen gestört wurden, so dass wir unsere Konzentration abbrachen. Daraufhin ging ich in Kontakt mit dem Genius Loci und sofort tauchten bei mir innere Bilder von verwirrten und negativ geladenen Wesenheiten auf, die sich als Naturwesen bzw. -energien der ehemaligen Sumpfwiese herausstellten. Diese für die Schönheit und Harmonie der Landschaft zuständigen Wesen waren ignoriert und von ihrer ursprünglichen Aufgabe abgeschnitten worden, was sie in einen negativen Zustand versetzte.

Im Ansprechen und Würdigen dieser Naturwesen breitete sich eine unendliche Traurigkeit im Raum aus und die Emotionen begannen durch die Gruppe zu fließen. Im rituellen Rahmen entschuldigten wir uns stellvertretend für die unsensible Bebauung des Landschaftsschutzgebietes. Gleichzeitig wurden den Naturwesen die Aufgaben eines Kurhotels erklärt und um ihre Unterstützung und Mithilfe gebeten. Und tatsächlich war augenblicklich das Gefühl der Leichtigkeit und Freude spürbar, das dem natürlichen Zustand dieser Wesen entspricht. Mit Hilfe unserer Absicht, einer segnenden Räucherung und durch Gesang verteilte die

Gruppe diese erlöste Energie in der gesamten Abteilung: An den zahlreichen Wasserspielen und Zimmerspringbrunnen wurden die Wasser- und Quellwesen gebeten, sich zu verankern. Die Erdwesenheiten bekamen ihren Platz im Heilmoor und die Feuerwesenheiten im Saunabereich etc.

In einer Nachbesprechung mit dem Team zirka 3 Wochen später erzählte die Belegschaft, dass die Störenergien auf ein normales Maß zurückgegangen waren und sich eine deutliche Leichtigkeit und Beschwingtheit in den Räumen ausgebreitet hat.

DER SCHMERZKÖRPER EINES HAUSES

Emotionaler Schmerzkörper

Wenn bei einem Familienstreit »dicke Luft« herrscht, ist dies auch für unbeteiligte Dritte spürbar. Extrem wird dies, wenn die zerstrittenen Familienmitglieder sich noch im Raum befinden und von ihnen eine unausgesprochene oder ausgesprochene emotionale Ladung ausgeht. Für feinfühlige Menschen ist diese »dicke Luft« selbst dann noch spürbar, wenn die eigentlichen Streithähne den Raum verlassen haben. Die Redewendung »hier ist dicke Luft« kann fast wörtlich genommen werden. Es hat sich jedoch nicht die Luft verdickt, sondern man nimmt im energetischen System des Raumes eine negativ geladene emotionale Verdichtung wahr. Diese Verdichtung baut sich für gewöhnlich schnell und vollständig wieder ab – es sei denn, ihre Ursache, in diesem Fall der Streit, wird sehr häufig wiederholt, oder er war sehr heftig, übergreifend und unversöhnlich. In solchen Fällen bleibt die emotionale Verdichtung im Raum bestehen bzw. baut sich immer wieder neu auf.

Ganz ähnlich ist dies bei traumatischen Ereignissen, die in einem Gebäude stattgefunden haben. Dies können Ereignisse sein, die in Zusammenhang mit großen seelischen Verletzungen wie Vergewaltigung, Mord, Verbannung oder Verrat etc. standen. Hier bleibt die extreme Ansammlung negativer Emotionen wie Schmerz, Leid, Wut und Hass ähnlich einem energetischen Fingerabdruck des Geschehens bestehen. Diesen energetischen Abdruck nenne ich den emotionalen Schmerzkörper des Hauses. Der Schmerzkörper kann noch jahrelang und unter bestimmten Bedingungen sogar jahrzehntelang oder jahrhundertelang spürbar sein.

Der Schmerzkörper eines Hauses ist der energetische Abdruck eines traumatischen Ereignisses.

Leid zieht Leid an

Manchmal scheint es so, als ob es Menschen gibt, die Unglück oder aber Glück geradezu anziehen. Im Volksmund spricht man dann von einem Glückspilz, einem Unglücksraben oder einem Pechvogel. Auch manche Häuser scheinen das Unglück (oder das Glück) anzuziehen. Die Menschen im Umfeld verbinden jedoch häufig besonders das Unglück mit einem Gebäude. Sie nennen es »Unglückshaus« oder sagen: »Da liegt ein Fluch drauf« oder »Da ist noch jedes Geschäft eingegangen« usw. Das Prinzip, das sich dahinter verbirgt, ist die Schmerzkörper-Dynamik des Hauses, denn diese zieht immer wieder neues Leid an und bleibt dadurch erhalten. Je nach Größe des Schmerzkörpers tritt eine Eigendynamik auf, die genau das in ihrem Umfeld anzieht, was in Resonanz mit dem Drama oder Leid geht. Und so kommt neues Leid zu altem, die Dynamik wird verstärkt und das Leid beginnt sich gegenseitig zu vergrößern.

Die Art des neuen Schmerzes ist dabei dem alten Schmerz ähnlich. So wird der Schmerzkörper, der von heftigem Streit oder Gereiztheit hervorgerufen wurde, entsprechende Disharmonie und Spannung bei Personen auslösen, die dieses Thema in sich tragen. Bei einem Schmerzkörper mit starker ungelöster Trauer und Einsamkeit werden dementsprechende Traurigkeit und Verlassenheitsgefühle bei seinen Bewohnern (oder Besuchern) ausgelöst. Es ist hier wichtig zu begreifen, dass im Menschen eine Anlage, eine Korrespondenz zum Schmerzkörper der Umgebung vorhanden sein muss, um diese Dynamik in Gang zu bringen. Häuser wirken als atmosphärischer Raum. Sie haben kein Bewusstsein und keinen freien Willen. Der energetische Schmerzkörper eines Gebäudes entsteht durch menschliches Handeln und benötigt das menschliche Bewusstsein zur Transformation. Daher ist menschliches Bewusstsein auch die Kraft, die Lösung und Heilung bringen kann.

Da ich nicht an Zufälle glaube, gehe ich davon aus, dass etwas tief in unserem Inneren jeden unserer Lebensschritte gestaltet. Dadurch tragen wir die Verantwortung für unsere Lebensphasen und Lebensräume. Jede Lebenssituation, und damit auch der Wohnraum, wird von unserem höheren Selbst so gestaltet, dass persönliches Wachstum unterstützt wird. Ist das damit verbundene, innere Thema der Person abgeschlossen, das sich auch in der äußeren Wohnsituation zeigt, wird sich die entsprechende Wohnsituation wandeln. Dies kann für den einen ein Umzug bedeuten und für den anderen eine atmosphärische Veränderung des angestammten Platzes sein. Um diesen Prozess zu verdeutlichen, erzähle ich hier ein Beispiel:

BEISPIEL

Eine sehr bewusste, kreative und geistreiche Familie zog vor einigen Jahren aus äußeren Gegebenheiten in eine Wohnung ein, die sich nach ihren Worten in einer Siedlung mit auffallend trüber und dumpfer Stimmung befand. Der Einzug in die Wohnung war für die Familie wegen Krankheit und Stress extrem schwierig gewesen.

Nach einigen Jahren will die Familie nun von dort wegziehen, da sie sich nie richtig wohl gefühlt hat. Eine neue Wohnung ist auch bald gefunden, aber auch der Auszug verläuft zurückhaltend und zäh. »Es fühlt sich an, als ob uns etwas nicht loslassen möchte«, berichtet Frau M. – Die Familie, vor allem sie selbst, hat all die Jahre gegen die dumpfe Stimmung im Außen angekämpft. Dieser Kampf kostete sie enorm viel Energie, und nun ist sie müde und ausgelaugt. Während unseres Gesprächs erkennt sie, dass ein Teil in ihr ebenso »dumpf« ist wie die äußere Stimmung, die Depression ist spürbar geworden. Der Spiegel der Umgebung hat sie nun kurz vor dem Auszug dazu gebracht, diesen Teil in sich selbst anzusehen und sich bewusst damit auseinander zu setzen.

Mentaler Schmerzkörper

In einzelnen Fällen scheint hinter dem emotionalen Schmerzkörper eine weitere Dynamik zu liegen. Ich nenne sie den *mentalen Schmerzkörper.* Es handelt sich hierbei um verfestigte Gedankenstrukturen, die in Art und Stärke unterschiedlich sind und immer wieder auftreten können. Leider wurde ich bisher noch zu selten in Häuser mit dieser Dynamik gerufen, um fundierte Aussagen darüber machen zu können. Es hat sich aber bis jetzt für mich gezeigt, dass dieser mentale Schmerzkörper durch starke Glaubenssätze, extremes Gedankengut, Fanatismus und fixe Moralvorstellungen entsteht, die jahrelang oder gar über Jahrzehnte in einem Gebäude vorherrschend waren. Als Beispiel nenne ich hier Parteizentralen des Dritten Reiches oder der DDR, Kasernen, alte Klosterinternate oder Heime, deren ideologische oder moralisierende Sichtweise unterschwellig noch vorhanden sein kann.

Es geht beim mentalen Schmerzkörper also um Ideologien, die fanatisch, lebens- bzw. freiheitsfeindlich praktiziert wurden. Oft lösen sich derartige mental verfestigten Strukturen eines Gebäudes schon durch Renovierung oder Umbau auf. Dennoch ist es sinnvoll, sich diesem alten Gedankengut erst einmal zu stellen und es dann bewusst der Vergangenheit zu übergeben. Um sich davon abzugrenzen, ist der Aufarbeitungsprozess durch

Häuser mit extrem gelebten Ideologien hinterlassen mentale Schmerzkörper.

Dokumentation der Vergangenheit von großem Wert. Durch diese Dokumentation geschieht jedoch noch keine wirkliche Lösungsarbeit am Schmerzkörper des Ortes. An bestimmten Kriegsschauplätzen beispielsweise und Orten von Verbrechen kann durch die immerwährende Imagination des Schreckens der Schmerz am Ort gehalten werden.

Ich denke, dass die Heilungsarbeit von Ort zu Ort unterschiedlich sein muss. Manchmal wird deshalb die Arbeit an der Dokumentation überwiegen, während in anderen Fällen die Heilungs- und Lösungsarbeit des Ortes im Vordergrund steht. Es ist notwendig, individuell auf die jeweilige Problematik einzugehen und mit Feingefühl den richtigen Umgang zu finden. Grundsätzlich habe ich die Erfahrung gemacht, dass mit dem mentalen Schmerzkörper meist ein emotionaler Schmerzkörper verwoben ist. Bei der rituellen Heilungsarbeit hat der emotionale Schmerzkörper – und damit jeglicher emotionaler Schmerz – Vorrang und muss vor dem mentalen Schmerzkörper gelöst werden. Erst nachdem aller im Raum verbliebene emotionale Schmerz in Lösung gegangen ist, ist es möglich, an der dahinter liegenden mentalen Struktur zu arbeiten. Der Heilungsprozess hierfür benötigt seine Zeit und meist mehrmalige Heilungsimpulse.

DAS HAUS DER GLAUBENSSÄTZE

In einem großen, einsam gelegenen Landhaus entwickelte sich über Jahrzehnte eine dem mentalen Schmerzkörper eigene Dynamik. Das weiträumige Gebäude wurde um die Jahrhundertwende von einer Adelsfamilie erbaut. Diese Familie war wahrscheinlich Mitglied eines Geheimbundes. Diese Vermutung ergab sich aus bestimmten Symbolen und Zeichen, die sich in der Ornamentik der gesamten Holzarbeiten über das ganze Gebäude hinzogen. Während des Zweiten Weltkrieges kam das Gebäude in nationalsozialistische Hände, die es als sogenannten Lebensborn für arische Menschen nutzten. Nach dem Krieg kam es wieder in private Hände. Das Haus wurde in mehrere Wohnungen aufgeteilt und vermietet. In alle Wohnungen zogen Menschen ein, die einer Freikirche angehörten und dort ihren religiösen Lebenstraum verwirklichen wollten.

Einige Jahre später änderte sich das Bild. Es zog eine moslemische Gruppe ein, deren religiöse Überzeugung stark ausgeprägt war. Nach dem Auszug dieser Menschen zogen mehrere Familien ein, die dem schamanistischen Weltbild nahe standen. All diese Menschen, die das große Haus nutzten, waren sehr unterschiedlich, und doch hatten alle etwas gemeinsam: Alle hatten eine Idee, einen Glauben oder ein bestimmtes Weltbild. Ich möchte hier nicht Weltbilder miteinander vergleichen und werten. Jedes der Weltbilder, die in diesem Gebäude für einige Zeit Raum fanden, waren gänzlich unterschiedlich zu den anderen, und doch fällt auf, dass meist Menschen angezogen wurden, die ganz genaue Vorstellungen über ihr Idealbild der Welt hatten. Viele von ihnen definierten ihr Leben über dieses Weltbild.

Zusätzlich fiel auf, dass keine Gruppierung lange Zeit an dem Ort verbrachte, da sie offensichtlich nicht in Frieden dort leben konnten. Dadurch wechselte alle paar Jahre das oberflächliche Bild. Die dahinter liegende Dynamik des mentalen Schmerzkörpers, geprägt durch die geistigen Ideen und Ideale, aber blieb. Auch hier müssen erst alle emotionalen Schichten Lösungsimpulse erhalten, bevor das bestimmende Problem, das im Mentalen liegt, angegangen werden kann.

HÄUSER – WOHNUNGEN

Die Dynamiken, die ich über Häuser beschreibe, gelten, wie bereits erwähnt, auch für angemietete Wohnungen. Generell werde ich zwar häufiger in Häuser gerufen als in Mietwohnungen, das liegt zum Teil daran, dass ich viel in ländlichen Gegenden arbeite. Zum anderen sucht eine Familie bei auftretenden Schwierigkeiten nach einem Hauskauf intensiver nach einer Lösung als jemand, dem die Möglichkeit eines Umzuges offen steht. Bei Mietshäusern mit mehreren Parteien bildet jede Wohnung einen Kosmos für sich, und dieser Kosmos hat eine wohnungseigene Dynamik. *Deutlich möchte ich darauf hinweisen, dass die meisten Lebensräume unbelastet sind. Das heißt, nur einzelne Wohnungen und Häuser haben eine Schmerzkörper-Dynamik, während aber natürlich alle ihre Geschichte haben.* Nur Unerlöstes bleibt haften.

Zu der Dynamik, die die einzelne Wohnung in sich trägt, kommt bei Häuserblöcken manchmal ein gemeinsam unterschwellig wirkendes Thema hinzu. Unter Umständen kann es sein, dass mit diesem im gesamten Häuserblock oder in der gesamten Straße schwingenden Thema alle dort lebenden Menschen verwoben sind. Ein deutliches Beispiel für solch ein gemeinsames Unterthema sind zum Beispiel Häuserblöcke in Randgebieten mit vielen Sozialwohnungen. Das gemeinsame Thema ist dort Armut und der Kampf um die Existenz. Oft liegt auch noch eine latente Resignation und das Ventil der Aggression über solch einer Häuserzeile. Es ist schwer für eine einzelne Familie, sich gegen diese Gruppenschwingung abzugrenzen, und es erfordert Kraft, Herz und Verstand, um trotzdem ein zufriedenes und glückliches Leben zu führen.

Ein anderes, häufiges Thema von Häusern in Innenstädten ist die Zerstörung durch Bomben im letzten Krieg. Unter den Trümmern wurden viele Menschen verschüttet und kamen ums Leben. Dieser Schrecken, Schmerz und Angst ist teilweise nie in Lösung gegangen. Vereinzelt kann es vorkommen, dass Restemotionen wie im Schock verharren, die vorsichtig zur jetzigen Situation hingeführt werden müssen. Die Umgekommenen selbst wollen oft die Tatsache ihres Ablebens nicht wahrhaben. Erst im Erkennen und Akzeptieren der Situation kommt die erstarrte Emotion ins Fließen und die Erdgebundenheit der Verstorbenen wird gelöst.

Mietwohnungen – ganz konkret

- Oft werde ich gefragt, ob man in einer einzelnen Mietwohnung – unabhängig von den anderen Wohnungen – Lösungsimpulse setzen kann. Auch die Frage nach den gemeinsamen Bereichen wie Eingang, Gang, Keller und Dachboden und der Umgang damit ist ein häufiges Thema.
- Generell kann man in jeder einzelnen Mietwohnung ein Reinigungs-Räucherritual durchführen. Das Thema einer einzelnen Wohnung hat immer Vorrang gegenüber dem eventuell vorhandenen Thema des Hauses.
- Es ist nicht unbedingt nötig, über die Vormieter Bescheid zu wissen. Wenn den Mietern jedoch Auffallendes zu Ohren kommt, so müssen sie reflektieren, ob eine Übereinstimmung mit der in der Wohnung herrschenden Stimmung besteht oder nicht. Wenn dies der Fall ist, ist es sinnvoll, sich rituell von diesem Thema abzugrenzen.
- Bei Räumen, die von allen Mietern gemeinsam genützt werden, ist es oft besser, nicht zu räuchern, da die Gefahr besteht, durch den Geruch Unstimmigkeiten auszulösen. Um dort reinigend zu wirken, ist es möglich, mit Lichtvisualisationen zu arbeiten (siehe auch Seite 66). Ausgesprochen wichtig ist es in gemeinschaftlich genützten Räumen, sich nur auf energetischen Ausgleich zu beschränken. Auch noch so gut gemeinte geistig visualisierte Wünsche (Friede, Freude, Harmonie ...) sind bereits ein Überschreiten

der geistigen Privatsphäre anderer Menschen. Diese Art des Überstülpens der eigenen »guten« Vision stärkt immer die gegenteiligen Kräfte und häufig ist unbewusste Abwehr wie zum Beispiel Abneigung, Wut oder Aggression der anderen die Folge. Sinnvoller ist es, sich stattdessen innerlich vor dem Lebensweg der Mitbewohner respektvoll zu verbeugen und damit deren freie Wahl zu würdigen.

- Bei Schwierigkeiten mit Wohnungsnachbarn gilt die Formel: »Ich würdige deinen Weg als Mitmensch, grenze mich von deinem Weg ab, mein Weg ist ein anderer.« Mit dieser Formel trete ich aus dem emotionalen Feld des anderen aus und schließe mein eigenes emotionales Feld vor den Schwingungen des Gegenüber. Deutlich muss ich darauf hinweisen, dass diese Art von Abgrenzung und das Seinlassen des anderen, wie er ist, nur dann sinnvoll ist, wenn keine zerstörerische Gewalt von dem anderen ausgeht. Ist dies der Fall, steht es in der eigenen Verantwortung, diese Tatsache öffentlich zu machen.

DER FRISEURLADEN

In einem Haus mit mehreren Mietwohnungen und vermieteten Ladenlokalen wurde auffallend häufig in einem dort ansässigen Friseurladen eingebrochen. Bei diesen Einbrüchen wurde nie etwas Wertvolles entwendet. Nach dem dritten Einbruch gibt die Inhaberin des Friseurladens Folgendes an: »Die Seiteneingangstür war aufgebrochen, auf dem Teppichboden waren deutliche Fußabdrücke quer durch den Raum zu sehen. Ein Stuhl an einem Arbeitsplatz war vom Spiegel weggedreht, dem Raum zugewandt. Gestohlen ist nichts, nicht einmal die Trinkgeldkasse, die offen auf der Theke stand. Es ist allen ein Rätsel, warum dies passierte und wer dahinter steckt.« In den Kellerräumen des Ladens hing nach dem Einbruch ein altes dreckiges Hemd, das niemandem gehörte und Rauchgeruch hing in der Luft.

Solche eigenartigen und auffallenden Phänomene sind natürlich erst einmal unerklärlich. Was sucht jemand dort? Nichts ist zerstört, nichts entwendet und doch bleiben deutliche Spuren zurück. All das sind Zeichen, die etwas ausdrücken wollen, und mir sind derartige, fast okkulte Phänomene durchaus bekannt.

Oft handelt es sich um Hilferufe von einer anderen Seite der Existenz. Etwas Unerlöstes versucht sich Ausdruck zu verschaffen. Und das kann mit Hilfe einer Person geschehen, die sich unbewusst dafür zur Verfügung stellt (im geschilderten Fall einen Einbruch begeht).

Beim Räucherritual für den Friseurladen stimme ich mich gemeinsam mit den anwesenden Personen in das energetische Feld des Hauses ein. Bei allen Beteiligten steigen innere Bilder von Feuer, einstürzenden Decken und Mauern auf und verzweifelte Schreie werden wahrgenommen. Tatsächlich wurde das Gebäude im Krieg durch Bomben zerstört und nach dem Krieg wieder neu aufgebaut. In den Trümmern des alten Hauses verstarben Menschen. Alle am Ritual Beteiligten sehen, hören und riechen mit ihren inneren Sinnen dieses Grauen. Es wird deutlich, dass Restemotionen noch im Schock verharren und unerlöst sind, sonst würden diese Bilder und Emotionen nicht so heftig bei allen Mitgliedern der Gruppe, also kollektiv aufsteigen. Entsetzen, Verzweiflung und Trauer finden nun durch das Mitgefühl der Gruppe ihren Platz.

Nachdem genügend Raum dafür gegeben wurde, würdigen wir das Leben und Sterben der Verschütteten. Wir bitten sie, die Gelegenheit zu nützen, um zu Gott, ins Licht zu gehen. Die Stimmung wandelt sich. Friede, Leichtigkeit und Freude macht sich in der Gruppe bemerkbar. Eine klassische Situation von Lösungsarbeit der Vergangenheit ist vollbracht.

Ohne diese leidvolle Prägung durch die Vergangenheit konnte der Laden sich nun frei entfalten, und gleichzeitig hörten die Einbrüche auf.

RITUALARBEIT WECKT LÖSUNGS-IMPULSE

Das Märchen von der blauen Flamme

Einst lebte ein einzelner alter Herr in einem uralten Hause, bei dem blieb selten ein Gesinde lange. Alle die Dienstboten, die er gehabt, erzählten, es sei nicht recht geheuer in dem Hause. Man höre Gespenster rumoren, sehe Flämmchen an dunklen Orten und werde auch auf sonstige Weise von Spukdingern geschreckt. Nun geschah es, dass bei diesem Herrn abermals eine neue Magd einzog, welche Anna hieß, und nach der ersten Nacht fragte der Herr die Dienerin, wie sie geschlafen habe, denn er besorgte sich schon wieder, Klage über Geisterspuk im Hause zu vernehmen. Die muntere Dirne aber antwortete ihm, sie habe ganz gut geschlafen. Eine gleiche Antwort auf die gleiche Frage erfolgte auch am zweiten Morgen. Am dritten Morgen aber verschlief sich die Magd, war denn verlegen und sagte: »Mir war die ganze Nacht, als tanze um mein Bett herum ein bläuliches Lichtlein, und das flüsterte fort und fort: ›Geh, Ann! Geh, Ann!‹, so dass ich nicht eher einschlafen konnte als gegen Morgen beim ersten Hahnschrei.«

Wie nun einige Nächte hintereinander diese Beunruhigung fortdauerte, so zeigte das Mädchen Neigung, den neu angetretenen Dienst wieder zu verlassen. Das war dem Herrn leid, und er sagte zu ihr: »Weißt du was, Anna, sprich doch einmal mit dem Herrn Pfarrer darüber, vielleicht kann dieser dir einen guten Rat erteilen!« Der Geistliche sagte nun zu Anna, als diese ihn fragte: »Wenn das blaue Licht ein Geist ist und dich ruft, so ziehe dich schnell an und folge ihm. Sei aber dabei sorglich und auf deiner Hut, dass du nichts von ihm annimmst, nichts ergreifst, was er dir bietet, nichts tust, was er dir heißt, und dass er dir stets vorangehe. Tust du genau nach diesem Rate, so kann es dein Glück sein.« Abends war die Dirne kaum im Bette, so tanzte das blaue Flämmchen wieder um dasselbe herum und flüsterte wieder: »Geh, Ann! Geh, Ann!«

»Wenn es denn sein muss«, sagte Anna, indem sie aus dem Bette und rasch in die Kleider fuhr, »so gehen wir.« »Geh, Ann!«, flüsterte das Flämmchen. »Geh du voran!«, sprach Anna, und da flackerte das Flämmchen vor ihr her, über einen Gang, die Treppe hinunter, bis vor die Kellertüre. Dort flüsterte das Flämmchen wieder: »Schließ auf, Ann!«

»Schließ du auf!«, sagte Anna. »Ich habe keinen Schlüssel.« Da schien das Flämmchen die Gestalt eines kleinen weißen Weibleins zu gewinnen, das hauchte gegen das Schlüsselloch, und da ging die Kellertüre auf. Jetzt schwebte die bläulich schimmernde Gestalt die Kellertreppe hinunter vor Anna her nach des Kellers hinterster Ecke. Dort lehnte eine Hacke an der Mauer, und das Weibchen, dessen bläulicher Lichtschimmer den Keller leidlich hell machte, deutete auf das Werkzeug und flüsterte: »Hacke hier ein Loch, Ann!« »Hacke du ein Loch!«, sprach Anna, »ich brauche keins.« Und da ergriff das Weiblein wirklich die Hacke und arbeitete tüchtig drauflos. Nach kurzer Weile kam ein Kesselchen zum Vorschein, darinnen lagen allerhand schöne Sachen, alte Goldmünzen und Schmuck von guten Perlen und Edelsteinen. »Heb, Ann! Heb heraus, Ann!«, flüsterte der Geist, aber Anna sprach ganz ruhig: »Heb du heraus, ich könnte mir Schaden tun.« Da hob auch das Weiblein das Kesselchen aus dem Boden und setzte es vor Anna hin, dass es klang und klirrte, das viele Gold und Silber, welches darinnen lag. »Trag's hinauf, Ann, in deine Kammer!«, flüsterte das Frauchen. Doch Anna sagte: »Trag's selber hinauf. Mir ist's zu schwer.« Da hob das Weiblein das Kesselchen und flüsterte wieder: »Geh, Ann! Geh, Ann!« Anna erwiderte: »Geht nicht an! Der Leuchter geht voran!«

So ging denn auch das Weiblein wieder aufwärts voran, aber langsam, denn es trug schwer an dem Kesselchen, und ächzte und stöhnte alle die Treppen hinauf bis in Annas Bettkammer. Da setzte es das Kesselchen hin, und Anna legte sich wieder in ihr Bett, und um das Bett tanzte wieder das bläuliche Licht. Da schlug Anna ein Kreuz und sprach: »Hast du mir geholfen, so helfe jetzt dir Gott in das ewige Himmelreich, Amen!« Da stand noch einmal das weiße Weiblein in klarer Gestalt vor Anna, und sein Gesicht leuchtete im Schimmer reinster Freude – dann verschwand es plötzlich. Anna schlief ruhig ein, und als sie am Morgen erwachte, glaubte sie, sie habe das alles nur geträumt. Aber siehe da – das Kesselchen war noch vorhanden, und ein ansehnlicher Schatz war ihr beschert. Nie spukte wieder ein Geist im Hause des alten Herrn.

(Aus: Angeline Bauer, *Heilende Märchen. Südwest Verlag, München 2002, Seite 31 – 33)*

Dieses Märchen ist für mich ein wunderbares Gleichnis für eine energetische Hausreinigung, wobei das Wort »Reinigung« eigentlich durch das Wort »Wandlung« ersetzt werden müsste. Bei der energetischen Wandlung geht es um unerlöste bzw. unbefriedete Restenergien, vor allem um vergangene Emotionen, die im feinstofflichen Bereich noch wirksam sind. Diesen Kräften Raum zu geben, sie zu würdigen und durch Ritualarbeit zu lösen, ist der wichtigste Grund einer Haus- oder Wohnungsräucherung mit vorangehender Ritualarbeit. Wenn man mit dem System Haus umgeht, muss man sich darüber klar sein, dass man auf zwei Ebenen arbeitet: Zum einen unterstützt man einen inneren Prozess der Bewohner. Ähnlich wie bei jeder klassischen Aufstellungsarbeit aus der Psychotherapie wird das innere Bild der Menschen dem System gegenüber verändert.

Bei der energetischen Hausreinigung geht es um das innere Bild der Bewohner dem Haussystem gegenüber, wodurch sich ihre Emotionen und Gedanken zur Wohnsituation wandeln. Zum anderen muss versucht werden, die feinstofflichen Informationen der Menschen, die zuvor ein schmerzhaftes Schicksal in den Räumen verbracht haben, zu lösen. Das Ritual macht durch eine bewusste symbolische Handlung innere Prozesse sichtbar.

Die Alchemie ritueller Arbeit, die Hebung des Schatzes aus den Kellern des Unbewussten, aber auch die darin liegenden, möglichen Gefahren, werden in dem beschriebenen Märchen besonders gut deutlich. Das Mädchen Anna steht für den Impuls bzw. für die Person, die eine Lösung sucht und bringt. Der alte Hausbesitzer repräsentiert den »Genius Loci«, die Intelligenz des Ortes, der mit den Vorgängen in dem System des Hauses vertraut ist, aber menschliche Hilfe zur Heilungsarbeit benötigt. Das blaue Flämmchen, die schmerzvolle menschliche Vergangenheit, die noch am Ort verhaftet ist, bittet immer und immer wieder um Lösung. Der alte Herr (Genius Loci) verweist Anna zu einem erfahrenen Menschen, dem Pfarrer (= Seel-sorger), der die Gefahren der Heilungsarbeit aufzeigt. Der Geistliche sagt: »... sei aber dabei sorglich und auf deiner Hut, dass du nichts von ihm (Geist) annimmst, nichts ergreifst, was er dir bietet, nichts tust, was er dir heißt, und dass er dir stets vorangehe …« Diese Anweisungen sind zum Schutz des jungen Mädchens ausgesprochen wichtig. Das Lösungswerk kann nur geschehen, wenn diese Anweisungen befolgt werden.

Was am Ende auf das Mädchen wartet, ist der Segen (Gold) und reinste Glückseligkeit für die erlöste Seele.

Das Mädchen Anna willigt in die Lösungsarbeit ein, lässt dabei die blaue Flamme bei jedem Schritt vorangehen. Das Unerlöste bestimmt somit das Tempo und den Weg. Ein Lösungsschritt nach dem anderen muss getan werden. Jeder davon braucht seine Zeit. Emotionen steigen hoch und wollen fließen. Erst wenn eine Sättigung des einzelnen Themas erlebt wird und dabei eine tiefe innere Stille eintritt, die den inneren emotionalen sowie den äußeren energetischen Raum erfüllt – erst dann ist der jeweilige Schritt vollendet. Wie viel Zeit die Seele nun braucht, um das Erlebte und Erlöste zu integrieren, und wann der nächste Schritt getan werden kann, liegt im Ermessen der heilend Tätigen.

Das Geheimnis des Glücks ist Freiheit,
und Freiheit erfordert Mut.

Wohin der Lösungsweg geht, welchen Windungen er folgt, liegt nicht in unserer Hand, sondern wird ebenfalls vom Unerlösten bestimmt. Häufig ist es nicht das Vordergründige, das die Verstrickungen löst, sondern das, was dahinter liegt – das Eigentliche –, aus dem das Vordergründige entstanden ist. Die einzelnen Schritte, die bei der Ritualarbeit zu gehen sind, erkennt man an der jeweiligen emotionalen oder energetischen Ladung.

In dem Märchen hütet sich das Mädchen Anna davor, der blauen Flamme Arbeit abzunehmen. Sie ist nur begleitend dabei. Den Schatz zu heben aber ist die Arbeit der blauen Flamme. Anna ist sehr darauf bedacht, für den

Geist nichts zu übernehmen oder zu tragen. Alle therapeutisch oder spirituell arbeitenden Menschen kennen die Versuchung, eingreifen zu wollen, für den anderen zu handeln oder zu tragen. Am Anfang solcher Arbeit besteht die Gefahr, unbewusst die Gefühle, Dramen und Geschichten der anderen zu übernehmen. Um etwas zu »bewirken«, übernimmt man lieber, als zu ertragen, dass der Prozess eventuell sehr langsam voranschreitet oder dass etwas nicht angesehen oder gelöst werden will oder kann. Die Folge davon ist Müdigkeit, Erschöpfung, das Gefühl, als sei man durch seine Arbeit energetisch ausgelaugt, bis hin zu depressiven Gefühlen und Krankheit. Beim Auftreten solcher Gefühle ist es hilfreich, sie zu reflektieren und eine längere Pause für sich anzustreben. Ganz wichtig bei der emotionalen und energetischen Arbeit ist es, die Verantwortung zur Heilung und die damit verbundene Bereitschaft zur Lösung dem Höheren zu übergeben. Man bietet Hilfestellung und Begleitung an, die Lösungsarbeit aber muss vom Unerlösten selbst getan werden.

Was ist ein Ritual?

Ein Ritual ist eine regelmäßige Handlung mit genau festgelegtem Ablauf, die für einen bestimmten Zweck ausgeführt und wiederholt wird. So kann zum Beispiel das morgendliche Zähneputzen mit den immer gleichen Bewegungsabläufen als Alltagsritual gesehen werden. Der Zweck dieses Alltagsrituals ist das Gesunderhalten der Zähne. Einen tieferen Sinn erfährt ein Ritual im religiösen Kontext. Auch hier sind das Wiederholen und der genaue Ablauf wichtig. Laut Duden ist ein Ritual »… eine religiöse Handlung in festgelegten Reihenfolgen und Abfolgen«.

Der Ritualform, von der in diesem Buch berichtet wird, liegt eine andere Idee zugrunde: *Es geht hierbei nicht um regelmäßige Wiederholungen oder festgelegte Abläufe, sondern um die symbolhafte Darstellung von Lebensthemen.* Themen, die in Räumen und Gebäuden verhaftet sein können, sind zum Beispiel familiäre Verstrickungen, Schuldthemen, Selbstmorde oder verschobene Erbschaften. Die Absicht hinter der Ritualarbeit ist es, diese Verstrickungen aufzuzeigen und sich bewusst davon zu lösen. Das bedeutet, dass durch eine symbolische Handlung zuerst Vorgänge sichtbar gemacht werden, um dadurch in das Bewusstsein der betroffenen Personen zu gelangen. Im symbolischen bzw. stellvertretenden Lösen der Verstrickungen wird das innere Bild, die innere Sichtweise des Betroffenen verändert. Diese bewusst umgestalteten Informationen wiederum wirken auf das feinstoffliche Gefüge des Umfeldes und führen zur Lösung.

Innerhalb des Rituals, das eine bestimmte zeitliche und eventuell auch räumliche Begrenzung hat, sollte daher jeder Ausdruck und jede Handlung mit Bewusstheit erfüllt sein. Trotz der fortdauernden inneren Reflexion während einer rituellen Handlung kann diese durchaus spontan, gefühlvoll oder humorvoll sein. Eine reiche Gefühlswelt ist der Schatz, der ein Ritual lebendig werden lässt. Diesen Impulsen, die während des Rituals aufsteigen, sollte spontan nachgegeben werden, denn sie bringen meist Lösungsenergien zum Fließen. Deshalb ist es äußerst sinnvoll, sowohl den eigenen Impulsen als auch denen der Anwesenden zu folgen und den spontanen Eingaben zu vertrauen.

Rituale können stimmungsvoll, traurig, ernst, kraftvoll, innig bis humorvoll und ausgelassen sein. Sie wirken auf die verschiedensten Ebenen im Lebensgefüge. Stimmige Rituale haben eine höchst magische Qualität. Sie versetzen uns in eine eigene Raum-Zeit-Dimension und es können Bilder oder Gefühle aus der Vergangenheit aufsteigen. Wenn während des Rituals ein wichtiges Detail zur Lösung fehlt, kommt die entsprechende Information fast immer zur rechten Zeit. Fehlt etwa der Name einer Schlüsselfigur, wundert es mich inzwischen nicht mehr, wenn genau zum richtigen Zeitpunkt die Großmutter hereinkommt oder eine Tante anruft, die sich auf Nachfrage an den betreffenden Namen erinnern kann.

Vor einiger Zeit beispielsweise wurde ich zu einer Hausräucherung gerufen, bei der die Hausherrin den Namen ihres Großvaters nicht kannte. Die Person des Großvaters war für das Hausgefüge jedoch von großer Bedeutung, da er als junger Mann das Haus erbaut hatte. Wegen eines schweren Verbrechens, das er begangen hatte, war er bei der Familie in Ungnade gefallen. Weder die Hausherrin noch seine anderen Enkelkinder wussten deshalb seinen Namen, da seine Kinder sich weigerten, von ihm zu sprechen. In der Ritualarbeit konnte ich keinerlei energetische Verbindung mit dem Großvater herstellen, da er aus dem Familiensystem völlig verdrängt worden war, was auch in der »Namenlosigkeit« zum

Ausdruck kam. Dabei hatte ich das Gefühl, dass durch das Benennen des Namens viel Lösungsenergie ins Fließen kommen würde.

Zusammen mit der Hausherrin versuchte ich deshalb, den Großvater zu würdigen und ihm als Ahne des Haussystems und der Familie seinen Platz zu geben. In diesem Moment klingelte das Telefon und eine entfernt verwandte Großtante, von der sie selten etwas hörte, rief an. Die Hausherrin konnte sie nun umgehend nach dem Namen des Großvaters fragen und sie war sofort bereit, ihn ihr zu nennen und etwas über den Großvater zu erzählen. Damit konnte die für das Haussystem wichtige Person in das Bewusstsein der Bewohner integriert werden und Heilung im System würde stattfinden können.

Die Absicht, die hinter einem Reinigungs- bzw. Heilritual steht, dient immer dem Gesunden eines Systems, im Sinne von Sicherweitern, Reifen, Vergeben oder Lösen. Mit Hilfe des Rituals verbinden sich die Beteiligten mit dem Höheren und vertrauen diesem das zu lösende Thema an. Symbolische Handlungen, Anrufungen, Gebete, Meditationen, Lieder, Mantren etc. sind hilfreiche Elemente während des Rituals.

Die Gestaltung des Rituals liegt in den Händen der Beteiligten, die tiefere Dimension der Verantwortung und Heilung wird dem Göttlichen übergeben. Während der rituellen Handlung ist eine Öffnung in eine andere Dimension wahrnehmbar, die auf unseren Alltag erleichternd und verändernd einwirkt.

Die Frage nach Schutz

Oft wird mir die Frage gestellt, wie man sich bei der Ritualarbeit davor schützen kann, etwas Fremdes aufzunehmen. Diese Frage ist nicht einfach zu beantworten. Die Visualisierung einer hellen, weißen Lichtkugel, in die man sich selbst hüllt, ist eine gute und einfache Schutzmethode. Dieses Licht entspringt aus der eigenen Mitte, breitet sich im Körper aus und durchflutet die gesamte Aura. Das Licht soll leuchtend hell und rein sein. Es können die Worte: »Reine göttliche Kraft«, »Pures Licht« oder »Schutz und Friede« in die Lichtkugel gegeben werden. Beim Gefühl starker Bedrohung von außen kann der Rand der Lichtkugel verstärkt werden, in dem man Lichtschuppen – einem Tannenzapfen gleich – um die Lichtkugel visualisiert. Zusätzlich eine Schicht strahlend blauen Lichtes darüber gelegt, ergibt einen sehr soliden, geistigen Schutzmantel.

Auch das Abräuchern mit Engelwurzsamen oder Wurzeln unterstützt und schützt unseren Energiekörper. Ich persönlich habe sehr lange Zeit mit energetischem Schutz gearbeitet. Selbst bei jeder Autofahrt visualisierte ich eine Lichtkugel um mein Auto. Ich fuhr damals ein sehr altes Auto und hatte mit der Zeit den Eindruck, dass dieses Auto nur noch von meinen ständigen Lichtvisualisationen zusammengehalten wurde. Das ist natürlich übertrieben, spiegelt aber eine gewisse Dynamik wider. Inzwischen arbeite ich nur noch in Ausnahmefällen mit geistigen Schutzpraktiken. Schutz beinhaltet immer die Idee von Trennung und Angst, da es scheinbar etwas gibt, vor dem man sich schützen muss. Und mit diesen Gedanken entsteht sofort eine Dynamik von Wertung und Abwehr. Die Erfahrung zeigt jedoch, dass es nicht um Schutz und Abwehr geht, sondern um Durchlässigkeit. Denn es kann ja nur dort etwas anhaften, wo eine Oberfläche dafür vorhanden ist.

In einer Zen-Geschichte wird von einem alten Zen-Meister erzählt, der zu einer Brücke kam, die über einen tiefen Abgrund führte. Gerade als er die schmale Brücke betrat, auf der nur eine Person Platz hatte, kam ihm auf der anderen Seite ein Samurei-Krieger entgegen, der mit einem Schwert bewaffnet war. Der Krieger hob sein Schwert und rief: »Weiche von der Brücke oder ich schlage dir den Kopf ab.« Der alte Meister verbeugte sich lächelnd, streckte dem Krieger sein Haupt entgegen und sagte: »Dann schlage zu!« Der Krieger warf daraufhin sein Schwert in den Abgrund und wurde Schüler des Zen-Meisters. In dieser Geschichte findet die Aggression, symbolisiert durch den Krieger, keine Angriffsfläche. Der Aggression gegenüber stehen Hingabe und Freiheit von Konzepten. Die Aggression wandelt sich und wird zu Satori (spontane Erleuchtung) für den Krieger.

Diese Art Lehrgeschichten findet man in allen Religionen und immer geht es darum, der dualen Welt kein Gewicht zu geben. Was bedeutet dies zur Frage nach geistigem Schutz? Wenn keine innere Resonanz vorhanden ist und Durchlässigkeit besteht, ist keine Oberfläche für einen Kampf geboten. Hier stellt sich die Schutzfrage nicht. So wie ein geworfener Stein durch eine Wolke fliegt, ohne die Wolke gravierend zu verändern, können auch hier Dramen und Geschichten nicht greifen.

Nicht immer ruht der Mensch jedoch in seiner Mitte und es gibt Zeiten, in denen wir sehr in uns gefestigt sind und solche, in denen ungelöste Themen im Vordergrund stehen. Es ist daher sinnvoll, geistige Arbeit nur dann anzuleiten, wenn man in der eigenen Mitte ruht. Im Alltag ist dies nicht immer möglich und deshalb ist es wichtig, bei der Ritualarbeit auf sich zu achten, ob Schutz benötigt wird oder nicht. In Situationen, in denen ein Gefühl der Übermacht des Dunklen und Bedrohlichen vorhanden ist, muss man abwägen, ob man die geeignete Person ist, um Lösungsimpulse in das System zu bringen. Ein wunderbarer Weg, um Vertrauen und Kraft zu gewinnen, ist das Gebet. Damit stellt man sich in den Dienst des Höheren, bittet um Führung bei der Arbeit, damit das höchstmögliche Heilungspotenzial für alle

Licht und Kräuter geben Schutz bei der Ritualarbeit.

Beteiligten aktiviert wird. Heilung kann nur von innen heraus geschehen. Die Person, die das Ritual leitet, kann nur begleitend und unterstützend dabei sein, so wie es im Märchen von der blauen Flamme (siehe Seite 53 ff.) beschrieben wird.

Sollte dennoch die Übertragung negativer Energien entstanden sein, ist es wichtig, sich dafür nicht zu verurteilen. In diesem Fall kann man sich mit reinigenden Kräutern abräuchern. Hierfür sind unter anderem Thymian, Salbei, Lavendel, Rainfarn, Wermut und die

Engelwurz geeignet. Bei den Harzen bevorzuge ich Fichtenharz oder den weißen Copal. (Siehe auch das Kapitel »Räucherpflanzen« ab Seite 144) Während des Abräucherns kann man um Reinigung auf allen Ebenen bitten, und dafür gibt es eine sehr effektive Visualisierungsmeditation:

Setzen Sie sich in meditativer Haltung auf ein Kissen oder einen Stuhl, halten Sie den Rücken aufrecht und visualisieren Sie ein goldenes Licht, das von oben herabfließt. Das Licht hat die Farbe von mit Sonne durchtränktem Honig. Wie ein Wasserfall umfließt dieses goldene Licht den Körper und durchströmt alle ihn umgebenden Energiekörper. Dieses Licht, das unerschöpflich vom Himmel kommt, nimmt alle Verunreinigungen mit sich in die Erde, wo sie transformiert werden. Wenn die äußeren Hüllen durchlichtet sind, fließt dieses goldene Licht nun durch den ganzen Körper, bis auch er voll von reinem, goldenem Licht ist.

Eine Reinigung von emotionalen Anhaftungen auf körperlicher Ebene können wie Basenbäder sein. Sie wirken einer Übersäuerung des Körpers entgegen, denn je säurereicher ein Körper ist, umso schneller kann Anhaftung auf körperlicher Ebene erlebt werden. Basenbäder zur Entsäuerung sind ebenso ein gutes Mittel zur Vorbeugung und können regelmäßig angewandt werden. Sie sind im Handel über Apotheken oder Reformhäuser erhältlich.

Gespräche mit den Bewohnern

Vor Beginn der Ritualarbeit wird im Gespräch mit den Bewohnern des Hauses/der Wohnung herausgearbeitet, welche Schwierigkeiten im Haussystem vorhanden sind. Mit dem Entschluss der Bewohner, sich der hauseigenen Dynamik zu stellen, beginnt für die Lösungsarbeit ein wichtiger Prozess. Dazu gehört als einer der ersten Schritte die Auseinandersetzung mit der Vergangenheit des Ortes, des Hauses, der Wohnung, der eigenen Familie und der eigenen Person. In dieser Auseinandersetzung stellen sich dann die Hauptthemen für die einzelnen Personen heraus. Ob die Schwierigkeiten wirklich in Bezug zum Haus, zum Ort stehen oder ob es sich um rein familiäre Dynamiken bzw. innerpsychische Schwierigkeiten einzelner Personen handelt, ist hierbei zu unterscheiden. Nur dann, wenn die Schwierigkeiten wirklich in Zusammenhang mit dem Haus, mit der Wohnung, stehen, ist ein Hausreinigungs-Ritual sinnvoll. Für Familiendynamiken oder psychologische Themen Einzelner gibt es andere Heilwerkzeuge, zum Beispiel unterschiedlichste Therapien, darunter auch Familienaufstellungen.

Ich lasse mir jeweils von den Bewohnern die Vergangenheit des Ortes erzählen, um die in der Wohnung liegende Dynamik im Gespräch zu erkennen. Wenn ich ihnen beim Erzählen der Hausgeschichte und ihrer eigenen Geschichte zuhöre, achte ich sehr auf spürbare energetische bzw. emotionale Ladungen. Dabei beobachte ich, welche Themen für den Erzähler mit vielen Emotionen befrachtet sind und erspüre deren emotionalen Ladungsgehalt. Dabei nehme ich selbst eine neutrale

Haltung ein und achte auf die Reaktionen meines Körpers. Dieser lehnt sich zum Beispiel leicht vor, wenn er mit dem Gegenüber mitempfindet und leicht zurück, wenn das Gesagte für ihn unglaubwürdig klingt. Geht jedoch ein Schauer durch den Körper, bei dem sich die Haare aufstellen, ist das der wichtigste Anzeiger, um Wahres und Verborgenes zu erspüren. Wenn sich dieses körperliche Symptom zeigt, frage ich bei dem Gesprächspartner nach, um mehr über das in dem Moment Erzählte zu erfahren. Die Praxis hat gezeigt, dass der Schauer als Werkzeug ausgesprochen präzise das Hintergründige, das Dahinterliegende erkennt. Fast immer führt mich dieser Schauer auf die richtige Fährte und das Vordergründige, zuerst geschilderte Problem verliert an Bedeutung und macht einem tieferen Erleben Platz.

Aus dieser Erfahrung heraus möchte ich Sie ermuntern, beim Zuhören immer wieder auf den eigenen Körper zu achten. Diese Eigenwahrnehmung kann gut in Alltagssituationen geübt werden, indem man sich selbst beim Erzählen beobachtet und damit die eigenen Aussagen in ihrer Glaubwürdigkeit überprüft. Wollen Sie selbst ein Reinigungs-Ritual bei anderen vornehmen, können folgende Fragen an die Bewohner wichtig sein:

- Was ist nach Ansicht der Bewohner der Grund für das Unwohlsein in der Wohnung/im Haus? Kennen sie dies von sich selbst und ihren früheren Wohnsituationen oder entstand dieses Unwohlsein erst mit Einzug in die jetzige Wohnsituation?
- Haben die Gefühle oder das Thema, das für die Bewohner im Haus spürbar ist, mit der eigenen

Familiengeschichte zu tun? Ist die Familiendynamik mit der Dynamik der Wohnung identisch? Wurden die in der Familie liegenden Schwierigkeiten verstärkt, seit sie in der jetzigen Wohnung lebt?

- Wenn ein Haus schon länger im Besitz der Familie ist – zum Beispiel von den Eltern oder Großeltern vererbt wurde –, stammt es von der mütterlichen oder väterlichen Seite, und welche Hauptthemen und Dynamiken liegen in der Blutslinie, aus der das Gebäude stammt?
- Sind bei der Übergabe bzw. Erbschaft alle Familienmitglieder zu einem für sie stimmigen und gerechten Ausgleich gekommen?
- Was wissen die jetzigen Bewohner über die Vergangenheit des Hauses, wenn es nicht aus dem Familienbesitz stammt? Ist in der Geschichte des Hauses viel Leidvolles geschehen? Gab es Krankheiten, Bettlägrigkeit und Sterbefälle? Wurde in den Räumen viel gestritten oder gab es depressive Gefühle? Hat sich in der Vergangenheit des Hauses jemand das Leben genommen?
- Gibt es bei den jetzigen Bewohnern heftige, intensive und immer wiederkehrende Träume? Sehen die Kinder bestimmte, immer gleiche Gestalten, vor denen sie sich ängstigen?
- Gibt es bestimmte Räume, in denen sich die jetzigen Bewohner unwohl fühlen und die sie deshalb meiden? Gibt es Räume, in denen sich Haustiere auffällig verhalten oder in denen sich seltsame Phänomene ereignen, wie zum Beispiel das Zerspringen von Gläsern, das Hören von Geräuschen etc.?

- Wie lautet der Straßen-, Haus- oder Flurname? Was ist bekannt über die historische Geschichte des Ortes? Welche historischen Ereignisse gab es in der Umgebung? Gibt es Sagen oder Geschichten zum Ort?
- Standen vor der jetzigen Bebauung (bei jüngeren Häusern) bereits andere Gebäude dort? War der Baugrund landschaftlich besonders schön und wertvoll? Gab es große, alte Bäume oder Steine und Gewässer, die dem Bauvorhaben weichen mussten?

Allgemeines übers Räuchern

Beim Verräuchern von Kräutern, Gehölzen und Harzen besteht die Absicht darin, die durch die Glut gelösten Wirkstoffe der Pflanzen in den Raum zu bringen. Ähnlich der Homöopathie wird der Geist der Pflanze von der Pflanzenmaterie getrennt. Was in der Homöopathie das Verschütteln von Essenzen ist, ist beim Verräuchern der transformierende Feueraspekt. Der Rauch als Träger dieser Wirkstoffe verbreitet sie im Raum. Dies ist der Grund dafür, warum das geistige Räuchern als Heilwerkzeug bei Räumen besonders geeignet ist.

Auch der Raum um uns – unsere Aura – kann mit dem Verräuchern verschiedener Pflanzen sehr gut gereinigt und geheilt werden. Die Vielzahl der Themen, die durch das Medium Räuchern in Lösung gehen können, ist genau so mannigfaltig wie die breite Wirkstoffpalette des Pflanzenreichs. Es geht hierbei überwiegend um den seelischen Aspekt der Pflanzenwirkung und nicht so sehr um die keimtötende und konservierende Eigenschaft (Rauchfleisch, Räucherschinken) des Pflanzenrauches. Die unterschiedlichen Wirkungen der verschiedenen Pflanzen auf das Seelische habe ich sehr ausführlich in meinem Buch *Räuchern mit heimischen Kräutern* beschrieben, ebenfalls erschienen im Kösel-Verlag.

Ich möchte vorsorglich darauf hinweisen, dass Räuchern nicht immer mit gutem Geruch zu tun hat. Es gibt viele sehr kraftvolle Pflanzen, die beim Räuchern wenig oder sogar unangenehmen Eigengeruch entwickeln. In diesen Fällen können zum Beispiel wohl riechende Harze beigemengt werden.

Besonders in Situationen von Unausgeglichenheit oder Stress ist das Abräuchern der eigenen Person ein wunderbares Mittel, um in die eigene Mitte zu kommen. Dieses Abräuchern dauert nur wenige Minuten und die Erleichterung ist sofort spürbar. Wichtig dabei ist, auch die Fußsohlen und die Hände mit einzubeziehen. Für gewöhnlich räuchere ich mich vor und nach jeder rituellen Arbeit ab, also auch bei energetischen Hausreinigungen. Dabei beginne ich bei den Fußsohlen und räuchere dann von unten nach oben den Körper entlang. Es gibt eine abendländische Tradition, die besagt, dass man mit dem Rauch, da er von unten noch oben aufsteigt, auch entsprechend von unten nach oben reinigen soll. Überall da, wo es mir gut tut, verweile ich mit der Räucherschale und genieße die entspannende Kraft des Rauches.

Eine große Vogelfeder ist ein weiteres wichtiges Werkzeug, um den Rauch zu verteilen und den Energiefluss zu unterstützen.

Eine Hausräucherung dauert je nach Größe des Hauses und nach Gründlichkeit der Arbeit zwischen einer und vier Stunden. Klassischerweise fängt man am Eingangsbereich, also an der Haustüre, an. Denn dies ist der Ort, wo sich Innenwelt und Außenwelt begegnen. Von hier aus geht man durch das Gebäude, meist auch von unten nach oben, das heißt: Keller, Erdgeschoss, 1. Stock, 2. Stock, Dachboden etc. Letztendlich aber sind solche Formsachen nur von untergeordneter Bedeutung. Weitaus wichtiger ist es, den eigenen Gefühlen und der eigenen Intuition zu folgen. Beim Durchqueren der Räume fällt nämlich auf, dass man in manchen Zimmern länger verweilen möchte und das Bedürfnis hat, mehr und intensiver zu räuchern als in anderen. Ecken und Nischen müssen ebenso gut geräuchert werden wie der Raum unter den Betten oder über den Schränken.

Achtung: Beim Räuchern und vor allem beim Verteilen des Rauches können Glutfunken entstehen. Daher ist sorgfältig darauf zu achten, dass durch die Glutfunken kein Zimmerbrand entsteht! Die ausgeglühte Räucherkohle wird vor dem Entsorgen sicherheitshalber mit Wasser abgelöscht. Beim Räuchern geht man mit dem großartigen Transformationselement Feuer um, was entsprechende Achtsamkeit erfordert.

Wie wird geräuchert?

Es gibt mehrere Arten zu räuchern. Menschen, die den Rauch und den Geruch von Verkohltem nicht mögen, können ein Räucherstövchen mit Sieb benützen. Diese Räuchergefäße haben ein Teelicht als Wärmequelle.

Wenn die Höhe zwischen der Kerze und dem Sieb gut eingestellt ist, gibt es kaum eine Rauchentwicklung. Die ätherischen Öle werden sehr schonend von der Pflanzenmasse gelöst und in die Raumatmosphäre gegeben. Beim Ausräuchern von Gebäuden, Wohnungen oder Häusern ist mir persönlich der Rauch als Mittel jedoch sehr wichtig. Deshalb verwende ich hierfür eine Räucherschale mit Räucherkohle.

Zum Räuchern benötigt man eine feuerfeste Form (z.B. eine hoch gebrannte Tonschale), Sand oder Kies zur Isolation der Glut in der Schale, eine Räucherkohle sowie die entsprechenden Harze und Kräuter. Sehr praktisch sind kelchförmige Schalen mit einem Fuß. Sie lassen sich gut in die Hand nehmen, ohne dass es für die Hände zu heiß wird. Auch in diese Schalen gibt man eine Hand voll Sand zur Isolation.

Die Räucherkohle wird nun mit einem Streichholz oder dem Feuerzeug angezündet. Sie besteht aus gepresstem Kohlestaub und ist mit Eisenspänen und Salpeter angereichert. Beim Entzünden läuft zunächst ein Glutfunke durch die Kohle. Erst wenn dieser Glutfunke durch die ganze Kohle gelaufen ist, ist sie entzündet. Nach einiger Zeit ist die Kohle mit einer grauen Ascheschicht bedeckt. Nun ist der ideale Zeitpunkt, um Kräuter und Harze darauf zu verteilen. Sofort steigen Rauch und Duft auf. Wenn es nach einiger Zeit anfängt, verbrannt zu riechen, sind die Kräuter verkohlt und man streift sie mit einem Messer oder ähnlichem ab. Anschließend wird erneut eine Prise Räucherwerk auf die Glut gegeben.

Harze verkohlen langsamer als Kräuter, deshalb können Harze und Kräuter gemischt werden, wodurch sich der Verkohlungsprozess der Kräuter verzögert. Ähnlich dem Fett in der Pfanne, das den Garungsprozess des Gemüses unterstützt, wirkt das Harz beim Verräuchern in der Räuchermischung mit Kräutern, Gehölzen und Wurzeln.

Der Rauch als Spiegel von Energien

Früher achteten die Menschen sehr darauf, wie sich beim Ausräuchern eines Hofes der Rauch entwickelte. Die Richtung, in die der Rauch zog, gab ihnen wichtige Hinweise und Anhaltspunkte. Wenn beispielsweise der Rauch in einem Krankenzimmer Richtung Fenster zog, war dies ein schlechtes Zeichen, da er als Sinnbild für die Seele des Kranken galt, die fort wollte. Zog er Richtung Tür, ging man davon aus, dass der Kranke wieder gesundete und das Bett verlassen konnte.
Rauchorakel auf dieser Ebene halte ich für ausgesprochen fragwürdig. Hier ist aus der Erfahrung und dem Wissen, dass der Rauch durchaus ein Spiegel von Energien sein kann, im Laufe der Zeit simpler Aberglaube entstanden – leider ein Weg der Wandlung, dem altes Wissen häufig anheimfällt. Aus individueller Erfahrung und dem daraus gewonnenen Wissen entstehen später oft Handlungen und Brauchtum ohne tieferes Wissen. Und die dann ausgeführten Handlungen und Rituale können in Folge falschen Verständnisses und fehlender Tiefe zu Aberglauben führen. Interessant aber ist es, diesen Weg zurückzuverfolgen, um herauszufinden, was ursprünglich an Werkzeug und Wissen vorhanden war.

Wenn man heute das Augenmerk auf die Rauchentwicklung beim Ausräuchern von Gebäuden legt, fällt auf, dass sich durch den Rauch durchaus Energien ausdrücken können. Es gibt Räume, in denen es eine starke Rauchentwicklung gibt, und solche, in denen die Räucherkohle auszugehen scheint und sich so gut wie kein Rauch entwickelt. Manchmal zieht der Rauch in bestimmte Bereiche des Zimmers oder er riecht plötzlich sehr streng oder unangenehm. Unter Umständen kann es sogar zu einem Zerspringen der Räucherschale oder ähnlichem kommen. Diese unterschiedlichen Phänomene haben tiefere Ursachen und wollen gedeutet werden.

In der Praxis zeigt sich, dass bei extremer Rauchentwicklung viel Trägerstoff gebraucht wird, um hitzige und geballte Gefühle zu reinigen. Diese hitzigen Themen mit vielen Emotionen lassen sich in der Regel gut wandeln. Sie wollen ja in Lösung gehen, und deshalb sind Zischen, Funkenflug und Zerspringen der Räucherkohle oder -schale Zeichen dafür, dass sich Energien entladen. Allein durch diese Phänomene geschieht bereits Entladung und Erdung dieser Energien. Ähnlich wie bei der Erdung von Strom kommt es hier zu einer energetischen Entladung der Raumenergie.

Der Umgang bei stark reduzierter Rauchentwicklung ist häufig schwieriger und langwieriger. Hier geht es um erkaltete Energien, die weitaus mehr Lösungseinsatz brauchen. Unter Umständen sind es Dramen, die sehr weit zurückliegen oder versteckter sind. Manchmal müssen hier noch andere Themen gelöst werden, bevor Bewegung und Lösungsfluss in diese erstarrten Energien kommen kann.

Auffallend ist auch, dass der Rauch oft von erdmagnetischen Punkten, zum Beispiel Wasseradern oder Erdgitternetze, angezogen wird. Dies folgt einer inneren Logik, denn diese Anziehung wirkt auch auf emotionale Restenergien. Ähnlich wie sich Staub durch Luftzug an bestimmten Stellen im Raum sammelt, wirkt auf der energetisch-emotionalen und mentalen Ebene ein gewisser Sog dieser Erdphänomene. Ich bitte Sie aber,

Hitzige Themen, blockierte Energien: der Rauch verrät ein Geheimnis …

diese Aussagen nicht zu pauschalisieren, denn es handelt sich hier um Erfahrungswerte, die immer wieder überprüft werden wollen. Generelle oder gar gesetzmäßige Erscheinungen gibt es nach meiner Erfahrung nicht.

Altäre, Anrufungen, Danksagungen

Bevor ich mit der Räucherschale durch ein Haus/eine Wohnung gehe, lasse ich häufig von einem der Hausbewohner – stellvertretend für alle – im Wohnzimmer oder in der Stube einen Altar errichten. Dieser Altar steht symbolisch für das Haus und seine Geschichte. Die geistige und emotionale Arbeit an diesem Altar ist im kleinen, aber sehr intensiven Rahmen bereits Lösungsarbeit für das Gebäude, für die Wohnung. Wie im Kleinen, so im Großen wird hier durch das Würdigen der Hausgeschichte auf das Hausgefüge lösend eingewirkt und das innere Bild der Bewohner zum Gebäude verändert. Ich bitte die Person, die den Altar errichtet, sich auf das Haus, auf die Wohnung zu konzentrieren und sich mit dem Hausgefüge zu verbinden. Aus dieser Verbindung heraus gestaltet sie den Altar an einem dafür gerichteten Platz.

Alle Gegenstände, mit denen der Altar gestaltet wird, haben symbolische Bedeutung. So kann zum Beispiel eine Kerze zu Ehren des Genius Loci (Geist des Ortes) entzündet werden; eine andere für die verstorbenen Bewohner. Manches Mal ist es wichtig, noch eine Kerze für einen speziellen Menschen oder eine spezielle Situation zu entzünden, die das Geschick des Hauses, der Wohnung maßgeblich geprägt haben. Ein Blumenstrauß kann das Blühen und Gedeihen des Ortes symbolisieren, Kristalle können die innere Schönheit repräsentieren, Steine können eventuelle Schwierigkeiten darstellen.

Auch Bilder und Fotos der Vergangenheit finden auf dem Altar ihren Platz. Im Zentrum des Altares wird ein Symbol oder Bild für das Heilige und Höhere platziert. In christlichen Traditionen kann dies ein Kreuz, ein Marienbild oder eine Engelsfigur sein, in anderen religiösen Ausrichtungen sind es entsprechend andere Symbole. Der Aufbau des Hausaltares ist ein sehr bewusster Akt und der Beginn des Heilrituals für den Ort und seine Bewohner. Mit dem Entzünden der Kerzen ist der Altar aktiviert und spiegelt symbolisch das Hausgefüge wider.

Alle Handlungen an und bei diesem Altar haben eine sofortige Wirkung auf das Energiefeld des Gebäudes, der Wohnung. Nun folgt das laut ausgesprochene Würdigen der Vergangenheit des Ortes. Das bedeutet, dass im Auftrag der Hausbewohner der Ritualleitende laut einen Dank an den Ort und seine Stationen mit den damit verbundenen Menschen ausspricht. Je mehr über die Vergangenheit eines Ortes bekannt ist, umso konkreter kann sie benannt werden. Je weniger man über die Vergangenheit weiß, desto allgemeiner wird formuliert werden. Hier eine Orientierungshilfe fürs Formulieren:

»Im Namen der Familie … danke ich diesem Gebäude (Adresse), *das ein Heim ist und Schutz vor den Widrigkeiten des Lebens und der Naturgewalten bietet. Danke für das Dach über dem Kopf und für die Räume, in denen die Familie ihr Zuhause gefunden hat. Ich danke den Erbauern und allen Menschen, die in diesem Gebäude einmal gelebt haben und dadurch Ahnen des Gebäudes geworden sind.* (Bei genauerem Wissen können hier die Hausgeschichte und auch Familiennamen folgen.) *Ich würdige das Leben und Sterben der in diesem Gebäude Verstorbenen und bitte alle, die hier Lebenszeit verbracht haben, dieses Gebäude (diese Wohnung) ganz frei zu geben. Wenn noch Verhaftungen von früheren Menschen und Ereignissen in diesen Räumen wirken, so bitte ich die vergangenen Bewohner, zu denen diese Verhaftungen gehören, diese zu sich zu nehmen. Ich ermutige sie, die schmerzhaften Erlebnisse ihrer Geschichte in ihr Herz zu nehmen, da sie zu ihrer persönlichen Würde gehören.«*

Diese schmerzvolle Erfahrung ist Teil ihres Lebensweges und mit Hilfe des Rituals kann jetzt die Anhaftung an diese Räume, an dieses Gebäude gelöst werden.

Damit entsteht für alle Seiten Freiheit – für die Verstorbenen ebenso wie für den Ort und die jetzigen Bewohner, und der Lebensfluss der Liebe kann fließen. Häufig bahnen sich durch das neutral-positive Würdigen Emotionen ihren Weg. Diese Emotionen finden ihren Ausdruck meist durch die anwesenden Personen, sodass zum Beispiel plötzlich Trauer und Tränen bei ihnen aufsteigen. Diese sich an das Licht drängenden Gefühle sind die im Raum verbliebenen »Altlasten«, die nun durch den Menschen hinausdrängen. Die Anwesenden werden hier als Kanal genützt, denn gestaute Gefühle brauchen Ausdruck, um gelöst zu werden.

Manches Mal ist eine Resonanz auf das Thema bei jenen Menschen spürbar, die sich unbewusst für den Ausdruck der Gefühle zur Verfügung stellen. Dies ist aber nicht generell der Fall. Wichtig ist jetzt, diesen Emotionen Raum zu geben und erst dann weiterzugehen, wenn wieder Stille in den Herzen der Anwesenden eingekehrt ist, das heißt, wenn der Bewegung der Seele gefolgt wurde.

Heilung kann nur dann entstehen, wenn die Seele berührt wird – die jedes Einzelnen, aber auch die tiefere Seelenebene des Systems. Durch das tiefe Berührtwerden richtet sich das Seelische auf Hingabe und Vergebung aus. Die durch Verletzung gehaltenen Kräfte können ihre ursprünglich begonnene emotionale Bewegung zu Ende bringen. Erst danach kann wirklicher Seelenfrieden einkehren und Heilung für das Haus- und Wohnungssystem geschehen. In dieser Dynamik drückt sich der universelle Liebesfluss aus und durchdringt das gesamte System. Diese Dynamik kann nicht erzwungen werden. Es kann nur darauf hingearbeitet werden, dass sie geschehen kann. Die letztendliche Bereitschaft zur Heilung ist eine Gnade, die uns geschenkt wird, wenn wir dazu bereit sind.

Durch den Rauch gelöste Informationen verankern

Nach der anfänglich beschriebenen Würdigung der Vergangenheit am Hausaltar und dem reinigenden Räuchern ist im System Haus/Wohnung viel Lösung geschehen. Nun gilt es diese gelösten Informationen mit einer segnenden Räucherung in den Räumen zu verankern. Dabei trägt man bewusst im Herzen die neuen befriedeten Informationen von Zimmer zu Zimmer und verströmt über die herzeröffnenden Räucherstoffe diese Energien im Raum. Ein Ja zum Leben – zu dem, was ist und war, mit offenem Herzen –, dies ist purer Segen. Mit dieser inneren Haltung kann sich der Segen und die Fülle des Lebens entfalten, welche immer schon da sind. Um diese Handlung zu unterstützen und das neue, innere Bild zu festigen, kann man – bildlich gesprochen – sogar die Wände bitten, den Segen einzuatmen und für die Hausbewohner zu verankern.

Eine andere Möglichkeit ist es, geweihtes Wasser, Quellwasser oder Osterwasser im Raum zu versprengen. Es überrascht immer wieder aufs Neue, wie klar sich plötzlich die Zimmerluft zeigt, als wären die Fenster frisch geputzt. Die emotional aufgeladene und drückende Atmosphäre ist gewichen und Leichtigkeit breitet sich in den Räumen aus.

Anschließend ist es Zeit, das Reinigungsritual zu beschließen und sich aus dem System Haus/Wohnung herauszunehmen. Die am Ritual beteiligten Personen treffen sich erneut am Hausaltar, danken allen helfenden

Eine segnende Räucherung öffnet die Herzen.

und unterstützenden Kräften und formulieren laut, dass das Ritual nun beendet ist. Mit dem inneren Bild der ewig brennenden Flamme werden die Kerzen gelöscht. Alle Gegenstände auf dem Altar werden von ihrer symbolischen Aufgabe entbunden und im Rauch gereinigt. Wer sich jetzt noch abschließend abräuchern möchte, kann dies tun. Das Ritual ist nun beendet.

Das Ritual zur energetischen Hausreinigung im Überblick

Immer wieder fragen mich Menschen nach Rezepten für Rituale, das heißt nach genauen Abläufen eines Rituals. Soll ich beim Räuchern den Raum im Uhrzeigersinn oder gegen den Uhrzeigersinn begehen? Wie oft soll jeder Raum geräuchert werden? Kann ich Fehler dabei machen? etc. An dieser Stelle möchte ich eine allgemeine Antwort auf diese Fragen geben.

Von alters her haben die Menschen erfahren, dass ein bestimmter Ablauf, eine bestimmte Form die Wirkung eines Rituals unterstützen kann. Man darf jedoch die Form nicht mit dem Ritual selbst gleichsetzen. Die Energie, die im Uhrzeigersinn aktiviert wird, unterstützt das *Aufbauen* eines Kraftfeldes, während es beim Begehen gegen den Uhrzeigersinn *abgebaut* wird. Es stellt sich hier also die Frage: Will ich bei einem Hausreinigungs-Ritual ein Energiefeld aufbauen oder abbauen? Letztendlich kommt es immer darauf an, die inneren Heilkräfte eines Systems zu aktivieren, und dies ist nicht von der äußeren Form abhängig. Dementsprechend arbeiten die einen ausschließlich im Uhrzeigersinn, andere wiederum erst gegen ihn und zum Segnen wieder mit ihm. Wieder andere gehen kreuz und quer, ohne auf eine starre Richtung zu achten.

Jeder sollte also die Verantwortung dafür selbst übernehmen und spüren, welcher Rahmen für ihn persönlich in der jeweiligen Situation stimmig ist.

Für mich ist die Frage nach der Form eine ähnliche wie die nach Schutz, auf die ich weiter vorn (Seite 63 ff.) eingegangen bin. Eine gewisse Zeit ist eine feste Form sinnvoll, da der feste Rahmen Sicherheit und Schutz bietet. Es kann jedoch ein Zeitpunkt kommen, an dem die Form ihre Wichtigkeit verliert und man frei dem Energiefluss und seinen inneren Impulsen folgen kann. Es ist wichtig, wie im Märchen von der blauen Flamme (Seite 53 ff.), der Energie in Form der inneren Impulse zu vertrauen und nicht durch eigene Vorstellungen dem Rhythmus heilender Energien entgegenzuwirken. Mir selbst hat am Anfang meiner Arbeit zur Überwindung meiner Unsicherheit die Aussage von Marko Pogacnik geholfen, der zu mir sagte: »Wenn dein Herz offen ist und du mit Liebe deine Arbeit tust, wirst du nichts falsch machen.« Dieser Satz hat mich sehr unterstützt und er hat sich im Laufe der Jahre immer wieder bewahrheitet. Da ein fester Rahmen jedoch gerade am Anfang dieser Arbeit für die Selbstsicherheit hilfreich sein kann, gebe ich im Folgenden eine kleine Zusammenfassung von Form und Ablauf:

- Das Grundthema des Haus- bzw. Wohnungssystems im Gespräch mit den Bewohnern und im Hineinspüren erfassen.
- Sich selbst und die Beteiligten abräuchern.
- Einen Altar mit symbolischen Gegenständen für das Haus und seine Geschichte errichten.
- Der Vergangenheit und den vorhergehenden Hausbewohnern in lauten Worten danken und sie wertungsfrei würdigen. Ihnen als Ahnen des Hauses ihren Platz zugestehen und sie bitten, ihre noch vorhandenen Verhaftungen zum Gebäude zu lösen.
- Den Emotionen so viel Raum geben, wie sie benötigen, und den seelischen Impulsen folgen, bis innerer Friede einkehrt.
- Die Räume des Hauses reinigend räuchern.
- Den Segen in die Räume bringen.
- Am Hausaltar das Ritual offiziell beenden und allen Beteiligten danken.
- Sich selbst und die Beteiligten abräuchern.

HÄUFIGE PROBLEME UND IHRE AUSWIRKUNGEN

Familienangelegenheiten, die in den Räumen schwingen

Mei Elternhaus

Dreihundert Jahr steht's jetzt scho da,
wenn ma's bedenkt, a lange Zeit.
Hat Sturm und Drangsal überlebt,
war Halt und Hoamat seine Leit'.

De frühers auf dem Sache war'n,
de hab'n si' g'schund'n Tag für Tag.
Nix Übrig's hab'n de nia net g'habt.
Oft ' s Nötigst' net, grad Not und Plag.

Viel drumherum is anders word'n,
de Landschaft, d'Arbat, s Leb'n und d'Leit.
Es hat sei Guat's und hat sei Schlecht's.
Was's mit sich bringt de neue Zeit.

Des Haus is allweil s gleiche blieb'n,
hat brav und tapfer allem trotzt.
Wia seine Leit, is's oafach blieb'n,
war allweil schlicht, hat nia net protzt.

Mir war's als hätt' des Haus a Seel',
Nähm' in sich auf, was s hört und siacht.
Als lusert's zua, wenn'sd red'st damit,
als kriagert's mit, was da ois g'schiacht.

Und wenn i aufi geh auf d' Höh',
holt mi' mei Kindheit wieder ei.
Mei Kammer is no wia daselm,
es könnt erst gestern g'wesen sei.

Ois is no da – und do' is's furt,
A Wehmuat macht si' in mir broat.
Was ummi is – und was no kimmt,
wenn i drauf denk, na' wird's ma Load.

Was hat des Haus net ois derlebt,
in eahm is ma' gebor'n und g'storb'n,
es hat d'Leit kemma sehg'n und geh,
des Glück und's Elend – Gott erbarm.

Und jetzt is alt und bucklert word'n,
a Mahnmal aus vergang'ner Zeit.
Und wohn i längst scho nimmer drinn,
Mei Hoamat war's und is's no' heit.

Hubert Faltermaier, April 2004

Ein sehr verbreitetes Thema in Häusern und Eigentumswohnungen ist die Familiendynamik, die sich über mehrere Generationen hinweg – meist in leicht veränderter Form – wiederholt. Die im Familienbesitz befindlichen Räume oder Gebäude werden an Söhne, Töchter oder Enkelkinder weitervererbt, die Geschichte des Hauses bzw. der Wohnung ist somit identisch mit der historischen Vergangenheit der Familienlinie. Wenn in solchen Räumlichkeiten eine Schmerzkörper-Dynamik spürbar ist, ist dies das Leid, das über Generationen in der Familie weitergetragen wurde. Mit dem Werkzeug der energetischen Hausreinigung – durch Räuchern und Ritual – können nun die in den Räumen bzw. Gebäuden verankerten Altinformationen von Schmerz heilen, die aktuelle schmerzhafte Familiendynamik der jetzigen Familie kann damit aber nicht gelöst werden. Diese muss, wenn sie Heilung benötigt, von den Familienmitgliedern selbst, eventuell mit professioneller Hilfe wie Familientherapie, Systemische Aufstellung etc. angegangen werden.

Die energetische Lösungsarbeit der Altinformationen in der Wohnung/im Gebäude wirkt allerdings durchaus erleichternd auf die jetzige Situation der Familie. Der zusätzliche Druck, der durch die emotional verdichtete Raumatmosphäre entstanden ist, fällt nunmehr weg. Zusätzlich kann mit Hilfe der Ritualarbeit am Altar (siehe Seite 76 ff.) ein gewisses Maß an Ordnung in die Vergangenheit und dadurch in das innere Bild der Familie gebracht werden. Dies wirkt klärend in das Familiensystem ein.

Ein häufiges Thema ist zum Beispiel das Erkennen verschobener Erbschaften, die das System belasten. Eine solche das Gebäude oder die Wohnung betreffende »verschobene Erbschaft« schwingt immer dann im Unterbewussten der Familie und in den Räumen, sofern der Ausgleich für den einzelnen Beerbten nicht stimmig ist. Es geht dabei nicht um ein gleichmäßiges Aufteilen von Hab und Gut, sondern vielmehr um die energetische Stimmigkeit beim Vererben. Hier können ganz be-

Die Ahnen wollen gehört und geachtet werden.

stimmte Faktoren zum Tragen kommen, wie zum Beispiel die Reihenfolge der Erstgeborenen zu den jüngeren Geschwistern oder eine Verpflichtung, die mit dem Erbe angenommen wird (z.B. Führung eines Geschäfts, Übernahme eines Hofes).

Ein weiterer Aspekt ist die Pflege der Eltern im Alter und die emotionale Bindung, die zwischen den Generationen besteht. Von großer Bedeutung ist dabei, dass von allen Beteiligten der Ausgleich wirklich verstanden und auf tiefer Ebene akzeptiert wird. Natürlich ist es unmöglich, durch ein Räucherritual einen wirklichen Ausgleich herzustellen, aber es ist eine kraftvolle Möglichkeit, die zugrunde liegende Dynamik zumindest bewusst zu machen. Der verantwortungsvolle Umgang damit und die Versöhnung liegen in den Händen der Familie.

Ein anderes wichtiges Thema sind die »ungeliebten Ahnen«: Eine Familie erbt zum Beispiel das Haus oder die Wohnung eines familiären Außenseiters, da sie die einzigen Blutsverwandten des Verstorbenen sind. Das materielle Erbe wird dann zwar angenommen, aber die Herzen der Familienmitglieder sind der verstorbenen Person gegenüber verschlossen. Ursache dafür können moralische Urteile, Abneigung oder Streit sein. Um das geerbte Haus/die Wohnung auch auf der Empfindungsebene in Besitz zu nehmen, ist es sehr wichtig, dem Verstorbenen gegenüber Respekt und Achtung entgegenzubringen. Dies ist unabhängig davon, wie unangenehm dieser Mensch zu Lebzeiten gewesen sein mag. Um ungeliebte Verstorbene als Ahnen des Systems und des Hauses bzw. der Wohnung zu integrieren, ist es wichtig, sich darauf zu besinnen, dass auch dieser Mensch unschuldig zur Welt kam. Wenn man sich darauf besinnt, hilft es, den Hader der Person gegenüber aufzugeben und ihr ihren Platz im Familien- und Haussystem einzuräumen.

»ICH HABE KEINEN PLATZ«

Frau Lorenz* bittet mich, das Haus, in dem sie mit ihrem Mann lebt, durch Räuchern energetisch zu reinigen. Bereits am Telefon war ihr eindringlicher Satz: »Ich habe hier keinen Platz!« Bei dem Haus handelt es sich um einen ehemaligen Bauernhof in einem kleinen Ort. Der Hof stammt aus der Familie ihres Mannes. Nach dem Tod einer Tante, die bis ins hohe Alter hinein auf dem Hof gelebt hatte und dort verstorben war, bezog das Ehepaar das Gebäude. Diese Tante namens Maria* war

* Namen geändert

die Halbschwester des Vaters von Herrn Lorenz. Dem Vater wurde der Hof als junger Mann von seinem Vater übergeben. Obwohl er Eigentümer des Hofes war, wohnte er nach seiner Kindheit jedoch nicht mehr auf dem Hof, sondern hatte für sich und seine Familie das so genannte Austragshaus (auch »Altenteil« genannt) umgebaut und hergerichtet. Dort wuchs auch Herr Lorenz auf. Auf dem Hof selbst lebten bis zu ihrem Tod die Großeltern von Herrn Lorenz und die besagte Tante Maria. Sie war die uneheliche Tochter von Herrn Lorenz' Großmutter, darüber hinaus hatten die Großeltern noch mehrere gemeinsame eheliche Kinder. Das mit in die Ehe gebrachte Kind war dem Familienmythos zufolge das Kind eines kirgisischen Kriegsgefangenen des Ersten Weltkriegs und das Erbe ihres Vaters gab ihr ein fremdländisches Aussehen. Tante Maria blieb unverheiratet und kinderlos. Sie war als raumgreifende und böse Frau bekannt.

Herr Lorenz erzählte, dass sie die gesamte Familie tyrannisiert hätte, und ihm und seiner Frau war es erst möglich, in das große Wohnhaus zu ziehen, als die Tante verstorben war. Tante Maria war also bei der Heilungsarbeit des Haussystems die Schlüsselfigur. Bereits die Eltern von Herrn Lorenz hatten keinen Platz in dem großzügigen Haus, solange Tante Maria dort wohnte. Die ehemals von der Tante bewohnten Räume »schmeckten« nach Schwere, Einsamkeit und Verbitterung. Es war sehr deutlich spürbar, dass ein Teil von ihr noch mit den Räumen verhaftet war.

Mit Hilfe von Fotos nahm ich Kontakt mit der Verstorbenen auf (siehe auch das Kapitel Ritualarbeit, Seite 76 ff.). Bald wurden sowohl ich als auch das Ehepaar Lorenz von tiefem, verzweifeltem Schmerz erfüllt. Der Kontakt zu dem alten Schmerz von Tante Maria war also hergestellt, denn durch die im Ritual beteiligten Personen drücken sich oft Gefühle der Vergangenheit aus. In der vorurteilsfreien Auseinandersetzung mit dieser Gefühlswelt und der Geschichte von Tante Maria war bald spürbar, dass hinter ihrer nach außen getragenen Boshaftigkeit der tiefe Schmerz des unehelichen, fremd aussehenden Kindes stand. Sie konnte in der wachsenden Familie von Halbgeschwistern einfach keinen Platz für sich finden. Um diesen emotionalen Schmerz zu umgehen, schuf sie sich immer mehr Raum durch Boshaftigkeit. Dieses Muster konnte sie ihr Leben lang nicht lösen, und so durfte niemand ihr wirklich nahe sein, das heißt »ihren Raum« betreten. Dieses starke Schmerzmuster, dem ein ganzes Menschenleben geopfert wurde, blieb auch nach ihrem Tod in den Räumen haften.

In der Ritualarbeit ging es nun um folgende Lösungspunkte: 1. die Geschichte des Hauses der Familie ins Bewusstsein zu bringen; 2. den Schmerz von Tante Maria zu erkennen, sie und ihr Leben ohne Wertung zu würdigen; 3. im rituellen Rahmen Raum für diesen Schmerz zu geben und dadurch mit der Seele von Tante Maria zu kommunizieren. – Bei der Lösungsarbeit ist es wichtig, die Seele darauf hinzuweisen, dass der Schmerz zu ihr gehört, zu ihrer persönlichen Erfahrung und Entwicklung. Sie kann nur dann heil und ganz sein, wenn sie auch die schmerzvollen irdischen Erfahrungen integriert. Sodann sind Befreiungs- und Lösungsimpulse gesetzt. Anschließend gingen wir mit bestimmten Räucherpflanzen durch das Haus, um die gelöste Bewusstseinsqualität im Gebäude zu verankern. Nun konnten sich die alten und leidvollen Raumprägungen lösen und es entstand Freiraum für die jetzt dort lebenden Bewohner .

Arbeit mit verstorbenen Hausbewohnern

Jedes Haus, jede Wohnung hat seine ureigene Geschichte, und doch sind es letzten Endes immer ähnliche Geschichten. Es sind Geschichten von uns Menschen. Das Haus oder die Wohnung ist der Ort, an dem wir uns – zumindest die Sesshaften – vor allem dann aufhalten, wenn es um die Alltäglichkeiten des Lebens geht, meist im Rahmen der Familie. Wohnung und Haus sind nach der Kleidung die dritte Haut des Menschen. Der Raum schmiegt sich uns an, gibt uns Wärme, umhüllt uns. Unsere Wohnungen zeigen unseren Stil, unsere Vorlieben und Abneigungen.

Das Haus als lebendiges Gefüge, von uns Menschen zum Leben erweckt, wird umso lebendiger, je mehr Leben in ihm stattfindet. Mit unserer Atmosphäre, unserem Sein, prägen wir unsere Umgebung. Wenn unsere Lebendigkeit wegfällt, altert ein Gebäude schnell. Ein rundum bewohntes Haus hingegen wird zwar abgenützt und Dinge werden verbraucht, aber es altert nicht im gleichen Ausmaß wie unbewohnte Gebäude. Wohnt beispielsweise ein alter Mensch allein in einem zu großen Haus, kann er die Atmosphäre des Hauses häufig nicht mehr lebendig erhalten. Trotz Zentralheizung entsteht dann in den nicht ausgefüllten Räumen ein Gefühl von Kälte.

Wichtig ist auch: Frauen sind von Natur aus eher dafür geschaffen, in Räumen Lebendigkeit und Wärme zu erzeugen als Männer. Aus dieser Beobachtung heraus sagen zum Beispiel die indianischen Völker, dass die Frau die »Hüterin des heiligen Herdfeuers« sei. Dieses heilige Feuer geht über den Kochherd hinaus und drückt das oben genannte Phänomen sehr gut aus. Das bedeutet, dass es dem weiblichen Geschlecht leichter fällt, Behaglichkeit und Wohnlichkeit zu kreieren.

Die Lebenskraft eines Hauses spiegelt die Lebendigkeit der dort lebenden Menschen und das Leben beinhaltet vielfältige Erfahrungen. Geburt und Tod sind dabei ganz wesentliche Anteile. Mir fällt zum Beispiel immer wieder auf, dass Häuser, in denen Generationen lebten bzw. Häuser, in denen geboren und gestorben wurde, eine Art »atmosphärische Sattheit« ausstrahlen. Auch die Menschen erzählen viel inniger von den Räumlichkeiten: »Hier in diesem Zimmer habe ich meinen jüngsten Sohn bekommen« oder »In diesem Zimmer ist meine Großmutter gestorben, hier stand ihr Bett ...« Es entsteht eine eigene Nähe und Bindung zwischen Raum und Mensch, die bei schönen Erfahrungen die Personen nachhaltig nähren kann. Auch der Tod und das Sterben eines nahestehenden Menschen kann eine solch schöne Erfahrung sein.

Häuser und Wohnungen halten – auch durch ihre Substanz – die lebendige Erinnerung an menschliches Dasein wach. Für viele archaische Völker beispielsweise sind Steine lebendige Wesen, denn sie bergen Energien und sind gleichsam das »Gedächtnis« der Erde. Dies wird mir oft bewusst, wenn ich mit Häusern arbeite, die aus alten Feldsteinen oder gebrannten Ziegelsteinen erbaut sind. Wenn Häuser reden könnten ... was für Geschichten würden da erzählt werden? Große und kleine, laute und stille, traurige und fröhliche. Vielleicht konnten sie einmal einen sterbenden Menschen ein Stück begleiten, an seinem Bett sitzen und den Kampf des schwindenden Lebens sehen. Ich selbst durfte einem mir lieben Menschen in dieser schwierigen Zeit nahe sein und mir fiel auf, dass es keinen Kampf zwischen Leben und Tod gibt. Es ist nur das Leben, das kämpft, der Tod kämpft nicht – er war immer schon da und wird nun sichtbarer. Sobald das Leben dann den Kampf einstellt, tritt Entspannung ein und tiefer Friede legt sich über das Antlitz. Es ist vollbracht, ein Leben ist geendet und dadurch auch vollendet.

Wenn sich ein Mensch zu Lebzeiten nicht verabschieden konnte, so wird er es in körperlosem Zustand tun, bevor er ganz in das Jenseitige verschwindet. Am Abend, nachdem meine Großmutter im Krankenhaus verstorben war, saßen meine Mutter und ich in unserer Wohnung, die auch die Wohnung meiner Großmutter gewesen war. Plötzlich ging wie von selbst die Tür zum Wohnzimmer auf und wieder zu. Meine Großmutter stand für uns unsichtbar, aber sehr spürbar im Raum und bewegte sich durch die Wohnung. Danach war sie verschwunden. Meine Mutter sagte ganz selbstverständlich zu mir: »Das war die Oma, sie hat sich von der Wohnung verabschiedet.«

Solche Erlebnisse sind keine Seltenheit. Es ist sehr häufig, dass sich Verstorbene von Verwandten, aber auch von der vertrauten Umgebung verabschieden. Dies gehört scheinbar zum Sterbe- und Lösungsprozess dazu. Es ist bei diesem Prozess unwesentlich, ob der Verstorbene zu Hause oder im Krankenhaus verstarb. Seine

Emotionen und Bindungen werden ihn auf jeden Fall zu seiner vertrauten Umgebung hinziehen. Vielleicht haben Sie ja schon selbst erlebt, wie ein geliebter Mensch sich nach seinem Tod im Krankenhaus noch einmal von seiner Wohnung verabschiedete. Wie ein Luftzug geht seine Energie noch einmal durch die gewohnten Räume.

Verstorbene brauchen Zeit, um sich aus vertrauten Räumen zu verabschieden.

Wenn dieser Mensch – was meist der Fall ist – innerlich frei und für das Sterben bereit war, lösen sich seine emotionalen Bindungen, die zu seinen Lebzeiten entstanden sind, auf. Friede breitet sich daraufhin aus, denn er hat seinen Seelenfrieden gefunden.

Der Lösungsprozess des verstorbenen Menschen benötigt seine Zeit. Seelisches benötigt immer Zeit. Dieser Prozess ist individuell unterschiedlich. Religiöse oder spirituelle Schulen geben häufig einen Zeitraum zwischen drei bis vierzig Tagen für diesen Lösungsprozess an. Die Erfahrung lehrt aber, dass jeder Verstorbene, genauso wie die zurückgebliebenen Trauernden, seine eigene individuelle Zeit benötigt. Nach dem klassischen »Trauerjahr« jedoch hat sich der Verstorbene meist endgültig gelöst und es bleibt sein Segen, seine Liebe und die Erinnerung der Angehörigen an ihn zurück.

Dies ist nicht immer so. Es kann vorkommen, dass Hinterbliebene den Verstorbenen nicht gehen lassen wollen. Andererseits gibt es Situationen, in denen der

Verstorbene an seinem Leben, den Räumen oder den Menschen festhält und nicht wirklich loslassen kann. Häufig ist dies immer dann der Fall, wenn das Sterben ein großer, plötzlicher Schock war oder wenn Zwischenmenschliches unerledigt blieb, wenn zum Beispiel keine Versöhnung stattfinden konnte. Auch wenn unverarbeitete Traumen zu Lebzeiten verdrängt oder abgespaltet wurden, wird der Lösungsprozess behindert. Meiner Erfahrung nach geschieht dies meist, wenn die tiefere Lebensarbeit des Individuums zu Lebzeiten nicht getan wurde. Daher ist es für den Verstorbenen schwer, seinen Seelenfrieden zu finden. Bildlich gesprochen bleiben die abgespaltenen Emotionen im Raum zurück und der Verstorbene, der an diese scheinbar gebunden ist, kann nicht wirklich frei gehen.

Nicht von ungefähr sagen viele spirituelle Schulen, dass das Sterben gelernt werden muss, denn mit den abgespaltenen Emotionen kann eine Schmerzkörper-Dynamik (siehe auch Seite 39 ff.) stattfinden.

Seele und emotionale Abspaltungen

Um Ordnung in die von mir in diesem Buch verwendeten Begriffe wie *Seele* und *emotionale Abspaltungen* zu bekommen, möchte ich näher erläutern, wie ich diese Begriffe in Zusammenhang mit unserem Thema verwende. Was ist die Seele eines Menschen? Wenn ich darüber reflektiere, fällt mir auf, dass im Gebrauch des Wortes »Seele« die Tiefe nicht in der Form ausgedrückt wird, wie ich sie empfinde, wenn ich in dieses Wort hineinhorche. Ist es überhaupt möglich, Seele zu beschreiben und zu definieren? Traditionell wird angenommen, dass der Körper verfällt, wenn ein Mensch verstirbt, seine Seele aber nun frei vom Körperlichen in die jenseitige Welt gelangt. Wir wissen nicht viel über die Seele und die jenseitige Welt. Manchmal wird die Seele umgangssprachlich als Synonym für Emotionen, Glaubenssätze und Vergangenheiten gebraucht. Sie sind meiner Meinung nach jedoch nur Teile der Seele, aber nicht die Seele selbst. Deshalb spreche ich in diesem Buch vom Verstorbenen und emotionalen Abspaltungen – und nicht von der Seele des Verstorbenen, da für mich dieser Begriff weitaus mehr beinhaltet als die Geschichte und die Emotionen. Im Duden wird das Wort »Seele« als dem Ding (Körper) innewohnende Lebendigkeit beschrieben. Ein einfacher Satz, der viel beinhaltet.

Wo beginnt Seele, wo endet sie? Es sind mehr Fragen als Antworten, die mir beim Nachsinnen über die Seele begegnen. Bei dem Wort »Seele« schwingt für mich stets etwas nicht Greifbares mit, und trotzdem spürt jeder, was gemeint ist. Die Seele lässt sich nicht beschreiben, sich nicht auf Begriffe begrenzen – sie ist unbegrenzt, weit und offen.

Nicht nur wir Menschen haben eine Seele oder – besser ausgedrückt – sind Teil einer umfassenden Seele, sondern alles Lebendige bis hin zum Stein sind durchdrungen von Seelischem. Wir leben in einem Seelenfeld, haben Teil an der Weltenseele, sind eins mit ihr – alles um uns ist Seele. Mystische Erfahrung wird sichtbar, wenn wir eins sind mit dem Seelischen in uns. Die Seele ist immer allumfassend, heil und ganz – Zeit und Raum spielen für sie keine Rolle. Gute oder schlechte Lebenserfahrungen sind für sie dasselbe – einfach Erfahrungen. Ihr tiefster Ausdruck ist Friede im Einverstandensein mit dem, was ist und war. Alles zu bejahen, Gutes wie Schlechtes, einfach dem Sein, dem Höheren zu unterstellen – das ist Seelenfrieden. Es ist wie es ist. Und es ist gut und stimmig, wie es ist – das ist die Sprache der Seele. Jemand, der der Bewegung seiner Seele folgt, ist ein aufrechter, freier und zugleich zutiefst demütiger Mensch. In ihm lebt immer die große Verbeugung vor dem Leben, vor dem Göttlichen. Auf der Ebene der Seele gibt es nichts zu tun oder zu heilen. Es ist eine andere Ebene, auf der Heilung nötig ist – nämlich die persönliche Ebene.

Aus diesem Grunde habe ich mich entschieden, bei verhafteten Emotionen vom Verstorbenen zu sprechen und nicht von der Seele des Verstorbenen. Die systemtherapeutische Arbeit mit Menschen bezeichnet diese Ebene als das persönliche Gewissen, denn hier will Ausgleich und Heilung erlebt werden. Diese persönliche Ebene ist eine Mischung aus dem Unbewussten eines Menschen und seiner Geschichte mit all seinen Gedanken, Träumen, Wünschen und Handlungen. Der häufig beschriebene Lebensrückblick des Sterbenden zeichnet all die Erfahrungen – positive wie negative – noch einmal auf, um vollständig integriert zu werden.

Häufig kommt es vor, dass Teile derart schmerzvoll oder unbewusst erlebt werden, dass sie von dem Sterbenden nicht integriert werden können. Daraufhin vollzieht sich auf der personalen Ebene eine emotionale Abspaltung. Das Individuum stirbt, hinterlässt aber emotionale oder mentale Rückstände, die sich in den Raum einprägen. Diese Raumprägungen können teilweise sehr lange spürbar und entsprechend wirksam sein. Unter Umständen sind diese Raumprägungen sogar Jahrhunderte oder Jahrtausende lang wahrnehmbar, wie zum Beispiel an alten Kriegsschauplätzen oder Kultplätzen, an denen Menschen rituell geopfert wurden. Irgendwann jedoch ist der richtige Zeitpunkt gekommen, um die emotionalen bzw. mentalen Rückstände zu lösen.

Wenn die Zeit reif dafür ist, geschieht diese Auflösung mit Leichtigkeit, wie ein Atemzug. Der Schlüssel für diese Leichtigkeit ist Annahme und Vergebung. Alle Erfahrungen einzelner, menschlicher Seelen verschmelzen mit der kollektiven menschlichen Seele, die wiederum unser Bewusstes wie auch unser Unbewusstes nährt.

SUDETENDEUTSCHE

Es ist schon Jahre her, kurz nach der Öffnung der Ostgrenzen, als ich mich auf einer Reise in Tschechien befand. Die Gegend in der Nähe der österreichischen Grenze war ehemals deutschsprachiges Gebiet. Nun waren die Dörfer und Häuser verfallen, die Friedhöfe mit deutschen Namen auf den Grabsteinen von Pflanzen überwuchert, doch die Schönheit und Weite der Landschaft waren für mich sehr berührend. Ich war als Touristin dort und machte lange Wanderungen in diese einsame Weite hinein, bei denen ich immer wieder eigenartige Zustände erlebte. Vor meinem inneren

Auge sah ich – vor allem an Wegkreuzungen und an erdmagnetischen Stellen – Ansammlungen von Schattenwesen. Ich empfand sie zwar nicht als bedrohlich, aber ein starkes Gefühl von Verlassenheit, Depression und Desorientierung ging von diesen Versammlungen aus. Dennoch sah ich damals zu, dass ich so schnell wie möglich an ihnen vorbei kam und mir war völlig unklar, was diese Schattenwesen zu bedeuten hatten.

Seit ich jedoch immer wieder bei verschiedenen Hausräucherungen mit der Vertriebenensituation der Sudetendeutschen konfrontiert wurde, ist mir heute klar, was es mit all dem auf sich hat: Die Generation der Vertriebenen stirbt allmählich aus. Ihre in der neuen Heimat errichteten Häuser vererben sie ihren Kindern und Enkeln. Sobald ich in Kontakt mit verstorbenen Vertriebenen gehe, fallen stets die Verhaftungen und eine tiefe Sehnsucht nach der scheinbar glücklichen Kindheit und Jugend in der alten Heimat auf. Immer wieder erlebe ich, dass diese Menschen energetisch dort einen Teil von sich zurückgelassen haben. Das Trauma der Vertreibung konnten viele von ihnen zu ihren Lebzeiten nicht wirklich verarbeiten.

Diese tiefe Sehnsucht nach Verlorenem, vermischt mit einem Unvermögen, sich ganz auf die neue Situation einzulassen, ist auch in den Wohnräumen häufig spürbar. Ein wehmütiges Sehnen zusammen mit dem Geschmack der Verlassenheit und Orientierungslosigkeit schwebt manches Mal noch im Raum.

Um die Räume für die nächste Generation frei zu machen, versuche ich deshalb, die Verstorbenen darauf aufmerksam zu machen, dass noch ein emotionaler Teil von ihnen in der alten Heimat auf Erlösung, das heißt

Integration wartet. Solche abgespaltenen Teile sind die von mir wahrgenommenen Schattenwesen, die sich an bestimmten erdmagnetischen Stellen sammeln und verdichten. In der Ritualarbeit bitte ich die Verstorbenen, diesen Teil – auch wenn er schmerzt – ins Herz zu nehmen, um damit ins Licht und zu Gott zu gehen.

Wichtig ist auch hier wieder, ihnen mitzuteilen, dass dieser schmerzvolle Teil zu ihnen gehört. Meist geschieht die Integration dann sehr schnell und wie von selbst. Immer aufs Neue fällt mir auf, dass die Problematiken, die ein Mensch zu seinen Lebzeiten nicht verarbeiten konnte, durch die Erfahrung des körperlichen Todes ausgesprochen schnell in Lösung gehen. Spürbar ist das daran, dass die an der Ritualarbeit beteiligten Personen von Gefühlen durchströmt werden. Die alten, blockierten Gefühle können so in Lösung gehen, und am Ende ist Erleichterung und Glückseligkeit bei den Verstorbenen spürbar und sie entschwinden endgültig.

Wenn Verstorbene nicht gehen wollen

Während der rituellen Arbeit ist es ausgesprochen wichtig, alle Kräfte und Energien, die sich zeigen, ernst zu nehmen. Wenn man, wie im Märchen der blauen Flamme beschrieben (Seite 53 ff.), der sich ergebenden Choreographie folgt und nichts vorwegnimmt, stellt sich von selbst heraus, was in Lösung gehen will und was nicht. Es ist nicht wirklich möglich, eine Kraft oder Energie, die dazu noch nicht bereit ist, wegzuschicken. Diese Kraft wird sich einen Kanal suchen – meist ein schwaches Glied in der Kette –, um in anderem Gewand oder in veränderter Form wiederzukommen. Nur geläuterte bzw. befriedete Energien sind gelöst und gehen ins Licht. Es wäre hier anmaßend, etwas wegschicken zu wollen, was scheinbar nicht in das eigene, persönliche Lebenskonzept passt, denn Würdigen heißt, das Andere zu respektieren und damit nicht nach eigenem Gutdünken zu verfahren.

Natürlich besteht die Möglichkeit, Lösungsvorschläge zu machen und darauf hinzuweisen, dass jetzt die Gelegenheit da ist, mit der angebotenen Hilfe und Aufmerksamkeit in Lösungsprozesse zu gehen. Doch verhaftete Energien können noch eine Aufgabe haben, die mit der betroffenen Person bzw. dem betroffenen Ort in Verbindung stehen. Das bedeutet, dass vielleicht etwas bisher Unbekanntes im Laufe der Zeit in das menschliche Bewusstsein treten wird und integriert werden will. Häufig sind es aber auch die Energien selbst, die noch nicht bereit sind, ihr altes Schmerzmuster loszulassen, und die Zeit brauchen, um in Wandlung zu gehen.

Wie erwähnt, nehme ich dann am Hausaltar Kontakt mit verstorbenen Hausbewohnern auf, indem ich laut mit ihnen spreche, so, als ob sie mir gegenüber sitzen würden (siehe Seite 78). Wenn ich spüre, dass trotz mehrmaligem Nachfragen von ihrer Seite aus kein Kontakt erwünscht ist, bedanke ich mich und akzeptiere dies. Dass eine Kontaktaufnahme nicht erwünscht ist, erkennt man daran, dass sich vor dem inneren Auge die

Person spürbar abwendet und schweigt. Ein weiterer Hinweis dafür ist es, wenn die für die Person angezündete Kerze immer wieder ausgeht oder auf der energetischen Ebene ein Energieloch wahrgenommen wird.

Es gibt aber auch Fälle, in denen es trotz Unwillen der Verstorbenen bzw. der anderen Energien wichtig ist, in Kommunikation zu gehen. In diesem Fall ist es notwendig, nicht nachzugeben und mit Klarheit und sogar einer gewissen Strenge vorzugehen. Ob das Unerlöste noch Zeit benötigt oder ob es an einem alten Verhaltensmuster festhält, muss von Situation zu Situation entschieden werden. Wir müssen uns stets darüber im Klaren sein, dass Zeit für das Seelische relativ ist. Es lebt in der Ewigkeit und eines Tages werden der richtige Zeitpunkt und die richtigen Umstände vorhanden sein. Für die heutigen Bewohner der Räume gibt es mehrere Möglichkeiten, damit umzugehen: Zum einen muss eine deutliche und klare Abgrenzung zu den energetischen Altlasten laut ausgesprochen und mitgeteilt werden, dass man nicht bereit ist, die Energien eines anderen zu übernehmen. Zum anderen kann man der Altenergie im Haus einen gewissen Platz einräumen, sie zum Bleiben einladen und ihr die Zeit zugestehen, die sie braucht, solange sie nicht in das jetzige Familiengefüge hineinwirkt.

Solch eine Platzzuweisung kann ganz wörtlich genommen werden, indem man ihr zu Ehren beispielsweise einen kleinen Hausaltar gestaltet, auf den sie ihre Last legen kann. Im asiatischen Kulturkreis ist der Hausaltar üblich und steht nicht im Haus, sondern im Garten. Dort werden regelmäßig Kerzen und Räucherstäbchen angezündet und an bestimmten Tagen Essen und Trinken für die Ahnen gereicht. Im Abendland war es früher ganz ähnlich: In den Stuben der Bauernhäuser zum Beispiel gab es in katholischen Gegenden den Herrgotts-

> ***Feuer und Erde: zwei starke Elemente für die Wandlungskraft blockierter Energien.***

winkel, ein Raum (Ecke) im Raum für das Heilige. Dort wurden das Kreuz und Heiligenbilder, oft auch Bilder verstorbener Familienmitglieder oder der Ahnen des Hauses aufgehängt. Nach der Weihe wurde der Palmbuschen an das Kreuz gesteckt, Kerzen entzündet und regelmäßig versammelte sich die Familie, um dort zu beten.

Auch der Brauch, an Allerseelen den Ahnen zu gedenken, dem der alte keltische Samhain-Brauch vorausgeht, schließt ein ähnliches Thema ein. Zu Allerseelen wurde nicht nur auf dem Friedhof an die Verstorbenen gedacht, sondern man lud sie für eine Nacht ins Haus ein, deckte ihnen den Tisch mit Speis und Trank, heizte ein und überließ ihnen die Stube. Auch in diesem alten Brauch ging es darum, bewusst dem Vergangenen Raum zu geben.

Wenn sich bei der Ritualarbeit herausstellt, dass ein altes Verhaltensmuster der Grund für die Verhaftung des Verstorbenen ist, ist es sinnvoller, starke Wandlungskräfte zu nutzen. Ein starker energetischer Wandlungskatalysator bei rituellen Handlungen ist das Feuer, zum Beispiel das Verbrennen eines Bildes. Das Feuer als Wandlungsenergie ist sehr schnell und hoch schwingend. Die Wandlungskraft der Erde hingegen, beispielsweise ein Bild oder einen Gegenstand begraben, ist weitaus langsamer, aber genau so gründlich. Es gibt Situationen, in denen liegt mehr Kraft darin, etwas dem Feuer zu übergeben, ein anderes Mal ist die ausdauernde und beständige Kraft der Erde geeigneter. Die folgenden zwei Beispiele zeigen, wie mit emotionalen Altlasten, die noch Zeit benötigen, umgegangen werden kann.

ZIRKUSWAGEN

Zum besseren Verständnis erzähle ich die Geschichte einer Räucherung, bei der mich eine junge Frau bat, ihren schönen, alten Zirkuswagen zu räuchern. Der hölzerne Wagen, in dem die Frau wohnte, war zirka 100 Jahre alt und stand in ihrem Garten. Sie erzählte mir, sie habe das Gefühl, nie ganz alleine in dem Wagen zu sein. Etwas wohnte mit ihr dort auf dem engen Raum zusammen, von dem sie sich bedrängt fühlte.

Sie erzählte von einer Zirkusdame, die um die Jahrhundertwende in dem Wagen gelebt hat, und war der Meinung, dass diese Frau energetisch anwesend sei. Von jener Dame existierte ein altes Schwarz-Weiß-Porträtfoto, das sie mir zeigte. Für die damalige Zeit war es mit zirka 40 x 30 cm recht groß. Es zeigte eine ernst blickende Frau aus den 1920er-Jahren. Als ich das Bild sah, lief ein Schauer durch meinen Körper und vor meinem inneren Auge tauchte unversehens die Geschichte dieser einsamen, traurigen Frau auf. Sie war Wahrsagerin und reiste mit dem Zirkus umher. Für eine allein stehende Frau in der damaligen Zeit war dies kein leichtes Leben und ihre emotionale Anwesenheit war auch jetzt noch deutlich zu spüren.

Im Ritual würdigten wir ihr Leben und machten der noch vorhandenen Energie deutlich, dass ihre Zeit auf Erden abgelaufen war. Nach einiger Zeit wurde mir jedoch klar, dass auf diese Weise keine Lösungsimpulse gesetzt werden konnten. Bildlich gesprochen empfand ich es als ein Nichthörenwollen und ein Sich-den-Tatsachen-gegenüber-verschließendes-Verhalten. Daraufhin zündeten wir vor dem Wagen ein kleines Feuer an, in der Hoffnung, das transformierende Feuer würde die Situation in Lösung bringen, und versuchten, das Bild zu verbrennen. Es begann, fürchterlich zu stinken und dichter Rauch stieg von der Fotografie auf. Dieser Rauch fing an, sich im Kreis zu drehen, und zog zur jetzigen Bewohnerin des Wagens, die daraufhin um das Feuer herumlief. So etwas hatte ich bis dahin noch nie gesehen, denn die junge Frau wurde regelrecht verfolgt von dem dichten, stinkenden Rauch.

Das Foto brauchte lange Zeit, bis es verbrannt war. Erstaunlicherweise konnte die Stirn der Frau auf dem Foto (Drittes Auge) trotz unseres Bemühens nicht verbrennen. Sooft ich sie auch in die Flammen legte, das Feuer fraß sie nicht auf.

Es wurde klar, dass die Energie noch nicht bereit war, zu gehen. Wir vergruben deshalb den nicht verbrannten Teil des Fotos in einem tiefen Loch in der Erde nahe des Zirkuswagens und beschwerten ihn mit einem Stein. Bei dem Ritual des Vergrabens nutzten wir die sehr viel langsamer wirkende Transformationskraft der Erde, die dem Verhafteten mehr Zeit für den Lösungsprozess gibt. Danach wurde die jetzige Bewohnerin sehr kräftig abgeräuchert und anschließend räucherten wir zusammen den Zirkuswagen.

In diesem speziellen Fall war es sinnvoll und stimmig, der alten Verhaftung keinen Platz mehr im Wagen zuzugestehen. Hier war es wichtig, ihn der Erde und den Fäulnisprozessen zu übergeben. In der Nähe des Wagens, jedoch gebunden an die Erde, hatte diese Energie nun Zeit, all ihre Bindungen der Vergangenheit zu lösen.

DAS MÄDCHEN MIT DEN ZÖPFEN

Ein weiteres Beispiel zu diesem Thema ist die Geschichte eines über 300 Jahre alten Bauernhofes. Dieser war ausgesprochen ärmlich, im Stall gab es nur Platz für zwei Kühe und drei Ziegen. Die Decken waren so niedrig, dass man fast mit dem Kopf anstieß. Im Wohnhaus befanden sich mit der Küche insgesamt vier kleine Räume. Der Besitzer, der auf diesem kleinen Hof aufgewachsen war, aber dort nicht mehr wohnte, wollte ihn nach dem Tode seines Vaters abreißen lassen. Der Vater hatte bis zu seinem Tod auf diesem kleinen Hof gewohnt. Seit einem halben Jahr stand das Gehöft nun leer und wartete auf den Abriss. Wie bereits erwähnt, erkalten solche alten, leer stehenden Häuser auf der energetischen Ebene sehr schnell, was hier jedoch nicht der Fall war. Die Räume waren natürlich ausgekühlt, doch auf der emotionalen Ebene war das Haus sehr bewegt und aktiv. Instinktiv wollte der Hausherr dem Gebäude, an dem er sehr hing, vor dem Abriss einen würdevollen Abschluss durch ein Räucherritual geben.

So kam es, dass ich mit Seminarteilnehmern zu diesem Haus gerufen wurde. Die emotionale Bewegtheit wurde von den Seminarteilnehmern augenblicklich erspürt. Es war so, als wäre Kindergeschrei von vielen kleinen Kindern zu hören. Als wir den Hausherrn darauf ansprachen, fiel ihm ein, dass in der Generation seines Vaters 16 Kinder – von zwei Müttern – im Haus geboren wurden, von denen aber nur sechs das Erwachsenenalter erreichten. Die anderen zehn Kinder verstarben alle im Säuglings- oder Kleinkindalter. Für den Hausherrn wurde nun klar, warum sein Vater, der in diesem Haus verstarb, zum Lebensende hin stets sein Essen in die Luft verfüttert hatte und bei Nachfrage antwortete: »Dies ist für die Kinder.« Die vielen Kinder zu würdigen und die Räume zu befrieden, war nun ein Leichtes.

Nur eine Energie war nicht bereit zu gehen. Sie zeigte sich vor dem inneren Auge als ein etwa achtjähriges, blasses Mädchen mit zwei dünnen, geflochtenen Zöpfen. Sie stand einsam und traurig mit großen, schmerzvollen Augen in der Ecke und hatte ihre Hände unter dem Schürzenkleid verborgen. Es war für uns fast unmöglich, mit ihr in Kontakt zu kommen, denn sie war in ihrem eigenen, einsamen Universum gefangen. Alle Versuche, sie in Lösung zu bringen, schlugen fehl. Erst als sie mit Zustimmung des Hausherrn eingeladen wurde, zu bleiben und willkommen geheißen wurde, kam etwas in Bewegung und Erleichterung wurde spürbar. Wir teilten ihr mit, dass sie an diesem Ort immer willkommen sei, dass es ihre Heimat sei, auch wenn das Haus selbst eines Tages nicht mehr stehen würde. Danach beendeten wir das Ritual.

Einige Tage später, nachdem mir im Traum das Mädchen erschienen war, hatte ich den Impuls, den Hausherrn anzurufen. Ich bat ihn, für das Mädchen mit den Zöpfen noch einmal eine Kerze in der Stube anzuzünden und ihr süßes, nahrhaftes Essen hinzustellen. Dies sollte als Symbol für die Süße des Lebens gelten. So wurde der Tisch für sie mit einem Stück Kuchen und einem Glas süßer Milch gedeckt. Gleichzeitig wurde rituell dem Schmerz des verstorbenen Kindes Ausdruck verliehen. Danach konnte wirklicher Friede in das System des Hauses einkehren – die Seele hatte ihren Seelenfrieden gefunden.

Selbstmorde im Haus

Wurde in der Vergangenheit ein Selbstmord im Haus ausgeübt, stellt dies ein wichtiges Thema bei der energetischen Hausreinigung dar. In solch einem Fall haben die Menschen häufig Angst, dass sich durch diese Tat immer noch negative Schwingungen im Raum befinden. Der Selbstmord an sich, in seiner verzweifelten Konsequenz, lässt allerdings nicht immer Spürbares zurück. Wichtig sind jedoch die Gefühle und Situationen, die zu der Tat geführt haben. Auffallend in diesem Zusammenhang ist, dass trotz des moralischen Makels, mit dem unsere Gesellschaft eine solche Tat in der Regel belegt, der Selbstmörder nicht unbedingt energetisch mit der Verzweiflungstat verhaftet ist.

Bei der Lösungsarbeit stehen deshalb auch hier die Würdigung der Person und deren Leben im Vordergrund. Das Anerkennen und Sehen des emotionalen Leids, das zur Tat geführt hat, und letztlich auch das Akzeptieren der Tat als einen Teil der Würde der Person, ist von großer Bedeutung. Denn als Raumprägungen bleiben die verzweifelten Emotionen zurück, die über längere Zeit in den Räumen gelebt wurden. Diese Emotionen werden, wie bei jedem Verstorbenen, als Lebenserfahrung des Betreffenden geehrt, mit der dringenden Bitte, sie mit in das Jenseitige zu nehmen. Auf diese Weise kann die gesamte reichhaltige Erfahrung (auch die schmerzvolle) integriert werden. Diese Erfahrungen sind wie »Kompost«: Sie gären und wandeln sich mit der Zeit, um nach Beendigung des Wandlungsprozesses als Dünger verwendet zu werden. Dieser Kompost ist Nahrung, geläuterte Erfahrung für Neues.

Findet der Wandlungsprozess nicht vollständig statt, kann keine Versöhnung erlebt werden. Es gibt Selbstmorde, die nicht aus einer letzten, verzweifelten Konsequenz heraus entstanden sind, sondern als Hilferuf gedacht waren. Hier war die Person nicht bereit zu gehen, sondern wählte unbewusst dieses Mittel, um auf sich und ihre dramatische Situation hinzuweisen. Ist das der Fall, kann man dies am Ort der Tat spüren. Es kann dann durchaus sein, dass die Person noch an der diesseitigen Welt hängt und keinen Frieden mit dem eigenen Selbstmord gefunden hat. Sie hadert mit ihrer eigenen Handlung. Und deshalb geht es in der energetischen Arbeit nun um eine Aussöhnung mit dem Schrecken der Tat. Diese Aussöhnung ist mit viel emotionaler Ladung verbunden und die Menschen, die sich rituell für die Lösungsarbeit zur Verfügung stellen, erfahren oft dramatische Gefühlszustände, welche häufig mit einer tiefen Verneinung beginnen.

Aufgabe ist es nun, sich durch diese Verneinung und Ablehnung zu arbeiten, um zu den dahinter liegenden Gefühlen zu kommen. Wenn dies gelingt, fließen viele Emotionen von Wut, Verzweiflung und Trauer, bis die Möglichkeit der Versöhnung mit sich und der eigenen Tat stattfindet. Diese Art von Hader mit dem eigenen Selbstmord ist auch dann erlebbar, wenn die Person durch äußeren Druck (z.B. finanzielle Nöte) den scheinbaren Ausweg durch Selbstmord wählte. Auch hier war die Person nicht wirklich bereit zu sterben, sondern wählte einen für sie scheinbar leichteren Weg. Bei der rituellen Arbeit sind dabei generell zwei Dinge zu beachten: Zum einen muss Transformationsenergie gefördert, zum anderen eine universelle Herzöffnung und der Liebesfluss unterstützt werden. Wandlung ist erst dann möglich, wenn die Situation angenommen werden kann und dadurch eine Öffnung des Herzchakras erfolgt.

Unterstützende Hilfsmittel für diese Arbeit – zusätzlich zum rituellen Aussprechen und Würdigen – sind zum Beispiel Edelsteine wie *Amethyst* und *Rosenquarz*, die auf den Altar und somit symbolisch in das System eingefügt werden. Das Verräuchern der Lichtpflanze *Engelwurz* fördert die Wandlungsenergien, *Rose* und *Styrax* unterstützen Versöhnung und Herzöffnung. Steht kein Styrax zur Verfügung, kann auch echte *Vanille* verwendet werden. Die Vanillinstoffe, die in beiden Pflanzen enthalten sind, helfen dem Herzchakra, sich zu öffnen. *Weihrauch* oder *Copal* (weißes) werden als Harzbasis in die Mischung gegeben, da beide Harze den geistigen Bereich öffnen. Je nach durchscheinendem Grundthema kann *Ysop* bei unterschwelligen Schuldgefühlen, *Eibe* zum Verdeutlichen des Lebensendes oder *Beifuß* zur Unterstützung des Emotionsflusses etc. beigemengt werden.

Bei Raumprägungen und Schmerzkörper-Dynamiken in Häusern, die mit Selbstmord zu tun haben, verräuchere ich auch häufig homöopathisches *Gold*. Meist verwende ich *aurum metallicum* in einer Hochpotenz, zum Beispiel C 200. Es werden zirka 5 – 8 Kügelchen mit der Räuchermischung vermischt und damit die Wohnräume geräuchert. Haften noch viele Altemotionen im Raum, wirkt die Atmosphäre oft bedrückend, dunkel und depressiv. Eine bleierne Schwere liegt im Raum. Angeregt durch diese bleiernen Gefühle stieg in mir das alchemistische Bild der Verwandlung von Blei in Gold auf. In der mittelalterlichen Zeit versuchten viele Menschen, diesen Wandlungsaspekt in Materie auszudrücken. In der Zeit, als ich noch bildhauerisch tätig war, arbeitete ich auch mit dem Material Blei. Die unwahrscheinliche Dichte und Schwere, der dumpfe verschluckende Glanz, die Weichheit und der relativ niedrige Schmelzpunkt des Materials waren für mich faszinierend. In der Oxydation wird ein weißes Pulver frei (die Bleiblüte), das ausgesprochen giftig ist.

Wenn man in der handwerklichen und speziell in der künstlerischen Arbeit ein Material kennen lernt, begreift man die sich darin spiegelnden seelischen Aspekte leicht. Es ist also nicht verwunderlich, dass Blei (bleierne Schwere, bleierne Müdigkeit) und Depression miteinander in Verbindung stehen. In Räumen, die mit depressiven Stimmungen belastet waren, hatte ich jedoch nicht (wie in der Homöopathie) den Impuls, Ähnliches mit Ähnlichem zu lösen, sondern die bereits vollzogene Wandlung – symbolisiert in dem Material Gold – als Information zu verbreiten. Natürlich geht es hier um die geistige Potenz des Goldes und es ist naheliegend, zu den homöopathischen Globuli zu greifen.

Gold, dieses warm glänzende, anschmiegsame, weiche Metall, gilt seit Jahrtausenden bei allen Völkern als ausgesprochen wertvoll und wird symbolisch als das Höchste aller Metalle gesehen. Um diese Information in den Raum zu geben, werden die Globulis zusammen mit der Räuchermischung verräuchert. Für mich war das

Resultat verblüffend, denn die Wandlungen der depressiven Raumatmosphäre in Leichtigkeit und Licht war augenblicklich vollzogen.

Den ersten Impuls zum Verräuchern von Gold hatte ich bei einer energetischen Hausräucherung, bei der ein Mensch seinem Leben durch den Sprung vom Balkon ein Ende gesetzt hatte. Inzwischen verräuchere ich *aurum metallicum* auch dann, wenn der Selbstmord durch Erhängen oder Ähnlichem erfolgt ist, denn es geht in den meisten Fällen um die alchemistische Wandlung der dunklen und schweren Raumprägung in leichte und durchlichtete Schwingungen. Aber auch hier sollte keine Verallgemeinerung erfolgen, sondern intuitiv in jede einzelne Situation hineingespürt werden.

Unterschiedliche Stauenergien und ihre Lösung

Alltägliche Raumprägungen

In jedem Haus und in jeder Wohnung gibt es immer wieder alltägliche, energetische Raumprägungen. Die Küchenzeile ist ein klassisches Beispiel dafür. Traditionell ist die **Küche** der Ort, in dem die Hausfrau viel Zeit verbringt. Während sie das Essen zubereitet, organisiert und strukturiert sie den Tag und denkt über sich und die Familie nach. Jeden Tag verdichtet sich dadurch das energetische Feld in der Küche. Dieses Gedankenfeld – nicht die Gedanken selbst – sind dort als Raumprägung (in den Raum eingeprägt) spürbar. Dies ist ein natürlicher Prozess und ist in allen Haushalten ähnlich. Die energetische Raumqualität kann man aber, ähnlich wie man Gegenstände hin und wieder abstaubt, immer wieder von Alltagseindrücken reinigen. Schnell und effektiv ist dafür eine Räucherung aus *Salbei*, *Lavendel* und *Thymian*. Wenn man will, kann ein Harz beigemengt werden, dies ist aber nicht unbedingt nötig.

Typische Stellen für weitere alltägliche Raumprägungen sind außer der Küchenzeile der **Essbereich** – dort, wo die Familie zusammenkommt, gemeinsam isst und miteinander kommuniziert. Und die **Schlafräume:** Dort bzw. über den Betten, vor allem bei Kinderbetten, hängt oft eine energetische Traumglocke. In den Träumen wird häufig das Alltagsgeschehen verarbeitet. Besonders Kinder erleben ihren Alltag weitaus intensiver als Erwachsene, so dass es hier zu einer stärkeren Raumprägung durch intensive Gefühle im Traum kommen kann. Beim Räuchern dieser Bereiche ist allerdings besondere Vorsicht wegen Funkenflug angebracht!

Die Raumenergie im **Wohnzimmer** hingegen wird in vielen Familien vom Fernsehgerät geprägt. Auf der einen Seite wirken dadurch elektrische Energien, während andererseits beim Fernsehen eine reichhaltige Gefühlswelt entsteht. Die Wohnzimmer-Fernsehraumprägung ist allerdings weniger verdichtet als die Raumprägung in Räumen, in denen Gefühle durch das reale Leben entstehen. Das **Büro** weist deshalb meist ein Gedankenfeld verstärkt mit elektrischen Energien auf.

Badezimmer, Toiletten, Flur, Abstellräume usw. sind von Alltagsraumprägungen weniger belastet und benötigen in der Regel keine Räucherung.

Für die reinigende Räucherung der Alltagsenergien benötigt man insgesamt höchstens 30 Minuten. Danach sind die Räume wieder frei von Altinformationen, was sich auf das Wohlgefühl der Familie deutlich auswirken wird.

Die Nutzungsänderung von Gebäuden

Wenn Gebäude, bevor sie zu Wohnhäusern umgebaut wurden, anderen Zwecken dienten, kann sich dies unter Umständen beträchtlich auf das Wohlgefühl der jetzigen Bewohner auswirken. Die Gründe dafür liegen in den unerlösten Restemotionen und Raumprägungen jener Menschen, die das Gebäude zuvor nutzten. Welche Gebäude belastet sein können und welche nicht, ist recht offensichtlich. Ein ehemaliges Bürogebäude oder eine Lagerhalle beispielsweise wird wahrscheinlich keine oder weniger schmerzbehaftete Raumprägungen haben als eine ehemalige Anstalt, ein Krankenhaus oder ein Gefängnis. Die Lösung solcher Raumprägungen gestaltet sich immer gleich, nämlich im wertungsfreien Würdigen und im Raumgeben gestockter Emotionen, damit sie ins Fließen kommen und dadurch gelöst werden.

DAS EHEMALIGE GEFÄNGNIS

Eine allein stehende ältere Dame, die in einer kleinen Gemeinde im ländlichen Raum wohnte, bat mich, eine Räucherung ihres Zuhauses vorzunehmen. Seit einigen Jahren ist sie Besitzerin eines hübschen alten Hauses, auf das sie sehr stolz ist. Doch trotz ihrer Zuneigung zu dem Haus und dem Ort hat sie das dringende Bedürfnis, es energetisch reinigen zu lassen. Auf meine Frage, warum ihr dies so wichtig erscheint, meint sie: »Ich lebe gerne hier und trotzdem fühle ich mich, seit ich hier wohne, wie gelähmt oder gebunden. Unangenehme Gefühle steigen in mir auf, von denen ich nicht ganz sicher bin, ob sie zu mir gehören. Bevor ich hierher zog, kannte ich solch sonderbare Gefühle nicht.« Über die Vergangenheit des Hauses erzählte die Frau, dass es über 200 Jahre alt sei und dass sie es von einer Familie abgekauft habe. Die Vorbesitzer betrieben im Haus einen kleinen Laden, der jedoch nicht viel einbrachte. Um mehr Hintergrundinformationen für die energetische Hausreinigung zu erhalten, bat ich die Dame, sich im Dorf über die Geschichte des Hauses zu erkundigen.

Einige Tage später rief sie aufgeregt an und erzählte: »Das Gebäude wurde vor zirka 150 Jahren als Gefängnis genutzt! Es war eine Sammelstelle der Polizei für Verbrecher der Gegend, die dort so lange in Aufbewahrungshaft saßen, bis sie in größere städtische Gefängnisse gebracht wurden.« Der Heimatpfleger des Ortes, den die Dame über die Vergangenheit des Hauses befragt hatte, konnte sogar berichten, dass in einem der

Räume an der Wand noch Eisenringe verankert gewesen seien, bevor das historische Gebäude vor zirka 60 Jahren umgebaut und renoviert wurde. Vermutlich waren dort, nach seinen Worten, Schwerverbrecher angekettet worden. Diese Informationen erklärten vieles. Die jetzige Hausherrin konnte sich nun im Räucherritual bewusst von der Vorgeschichte abgrenzen und gleichzeitig wurden die in den Räumen verhafteten Restemotionen mit Hilfe des Rituals in Lösung gebracht.

Der Dornröschenschlaf oder Häuser, die von Vergangenem träumen

Manche Häuser haben den Anschein, als ob sie sich in einem »Dornröschenschlaf« befinden. Meist sind es alte Häuser, zum Beispiel historische Stadthäuser, Villen, Schlösser oder Burgen, die von Efeu, wildem Wein oder Clematis überwuchert sind. Die Gärten dieser Häuser haben meist einen alten Baumbestand, der durch Vernachlässigung so dicht wurde, dass kaum Licht zum Haus durchdringt. Auch wenn Menschen in dem Haus leben, sieht es meist wie verwaist aus und scheint, bildlich gesprochen, von alten, glanzvollen Zeiten zu träumen. Das energetische System des Hauses, der Genius Loci (siehe Seite 32 ff.), will nicht wahrhaben, dass der Höhepunkt der menschlichen Geschichte in dem Gebäude schon lange überschritten ist.

Die Aufgabe besteht nun darin, das Energiefeld des Hauses wieder zu beleben und zu vitalisieren. In solch einer Situation kann mit einer Mischung aus *Minze*, *Thymian* und *Copalharz* geräuchert werden, da sie belebend, erfrischend und reinigend wirkt. Nicht immer aber ist es das Energiefeld eines Hauses, das von Vergangenem träumt, sondern oft sind es die Menschen selbst, die an ihrer Vergangenheit festhalten und wenig Interesse am Heute haben. Diese Menschen haben dann oftmals

Wenn Häuser und Menschen nicht aufwachen wollen, kann ein Räucherritual sie energetisch wecken.

keinen Impuls, die Umgebung zu verändern und neu zu gestalten. Sie leben in einer museumsartigen Umgebung und halten nur wenig Kontakt zur Außenwelt. Im Gespräch wird das schnell deutlich, da sie sich ausschließlich und mit einer gewissen Wehmut auf die Vergangenheit beziehen. Erst wenn der Leidensdruck durch ihre Vereinsamung zu groß wird, beginnen sie, Hilfe von außen zu holen.

Ein Beispiel dafür war die Situation einer älteren, allein stehenden Dame, die mich bat, ihr großes, altes Haus zu räuchern. Jedes der vielen Zimmer, die sie mir zeigte, befand sich im Originalzustand ihrer Jugendzeit. Das Schlafzimmer ihrer Eltern, der Raum ihrer Großmutter und selbst die Zimmer ihrer schon seit über 40 Jahren weggezogenen Schwestern waren im Originalzustand erhalten. Zu jedem der Räume konnte die Dame eine Vielzahl von vergangenen Erlebnissen erzählen. Die Räume waren durch ihre häufigen Imaginationen und ihr Festhalten an der Vergangenheit geprägt und atmosphärisch aufgeladen. Bei der energetischen Hausreinigung verwendete ich die oben beschriebene Räuchermischung aus Minze, Thymian und Copalharz. Anschließend wurde die *Bachblüte Honeysuckle* in Quellwasser gegeben und in den Räumen versprüht, um das energetische Feld von den Imaginationen der Dame zu befreien.

Anschließend musste die Loslösung von ihrer Vergangenheit und das Ankommen in der Gegenwart von der Bewohnerin selbst getan werden. Dies kann auf unterschiedliche Weise geschehen: Dr. Edward Bach, der die Bachblüten entwickelte, hätte in diesem Fall sicherlich die bereits für die Reinigung verwendete Bachblüte »Honeysuckle« auch zur Einnahme empfohlen. Auf der körperlichen Ebene sind außerdem Waschungen mit *Thymian* hilfreich, um den Tag mit Mut und Freude zu beginnen. Dafür lässt man über Nacht drei Teelöffel Thymian auf 1 l Quellwasser ausziehen, seiht es morgens ab und wäscht sich damit.

Beschriene Häuser

Es gibt Hausbewohner, die das deutliche Gefühl haben, dass außenstehende Personen mit negativen Gedanken und Gefühlen ihr Haus attackieren, das heißt konkret, dass vom Umfeld oder von einzelnen Personen Neid, Hass und Missgunst gegen das Haussystem gerichtet werden. Früher bezeichnete man solche von Mitmenschen ausgehende negative Energien als »Beschreiung«, den »bösen Blick« oder – in seiner verdichteten Form – als »Fluch«. Meiner Erfahrung nach handelt es sich jedoch in den seltensten Fällen um eine Fluchenergie, die auf das Haussystem gerichtet ist. Um dies einschätzen zu können, gilt es erst einmal zwischen einer alten Schmerzkörper-Dynamik, die im Haus verankert ist, und einem aktiv ausgesprochenen Fluch gegen die Bewohner unterscheiden zu lernen. Bei der alten Schmerzkörper-Dynamik sind in der Vergangenheit des Hauses schmerzhafte Ereignisse geschehen. Die dadurch entstandenen Gefühlsladungen sind also als energetische Raumprägung noch vorhanden und die jetzigen Bewohner gehen damit in Resonanz. Hier wird das alte Prinzip von »Leid zieht Leid an« erlebt.

Liegt auf einem Haussystem jedoch ein aktiver Fluch, wird er meist gegen die dort lebenden Menschen und nicht gegen das Gebäude selbst gerichtet. Die Ursache eines bewusst ausgesprochenen Fluches liegt entweder in einer tiefen Verletzung in der Vergangenheit oder in einem Ungleichgewicht des Systems. In das System gehört die Person, die den Fluch ausspricht (der Täter) ebenso wie der Verfluchte (das Opfer) selbst. Beide sind in einem Energiesystem miteinander verbunden, das heißt, dass das Opfer auf einer unbewussten Ebene durchaus bereit ist, den Fluch im System wirken zu lassen. Obwohl sich der Verfluchte ausgeliefert und hilflos fühlt, liegt ein Teil der Verantwortung der Fluchdynamik ebenso in seiner Hand wie in der des Täters.

Jedes System sucht nach Ausgleich. Um wirkliche Heilungsimpulse in solch ein polarisiertes System zu geben, ist es also wichtig, sich der alten Verletzung, der eigentlichen Ursache des Fluches, anzunähern und eine andere Art des Ausgleichs zu finden. Nur wenn im System diese starke Polarisierung beendet wird und ein anderer Ausgleich gefunden ist, kann Vergebung erlebt werden und das System daraufhin komplett ausheilen.

Wenn der Leidensdruck durch die Fluchenergie zu groß ist, muss allerdings, bevor Heilung stattfinden kann, der Schmerzdynamik Einhalt geboten werden. Dies ist ähnlich wie in der Medizin. Sind die Schmerzen zu groß, muss zunächst die Schmerzkurve gebrochen werden, bevor an Heilung gedacht werden kann – auch bei Gebäuden. Dafür gibt es alte Schutztechniken, die dem Haussystem Erleichterung bringen können, wirkliche Heilung kann aber dadurch nicht bewirkt werden.

Zum Räuchern nimmt man am besten *Salbei*, *Wermut*, *Engelwurz* und *Rainfarn*. Diese Kräuter kann man entweder mit *Weihrauch* oder mit *Copal* mischen und im ganzen Haus verräuchern. Zusätzlich wird *Steinsalz* oder *Meersalz* auf dem Boden des Zimmers verteilt und mindestens eine Stunde (am besten eine Nacht lang) dort gelassen, bis man es sorgfältig wieder aufkehrt bzw. aufsaugt und entsorgt. Das aufgekehrte Salz vergräbt man draußen, den Staubsaugerbeutel sollte man sofort wechseln und entsorgen. Salz hat die Fähigkeit, Energien aufzunehmen und in sich zu binden. Die dadurch wieder freien Räume kann man energetisch vorbeugend verschließen, indem man bei den Fensterbänken, Eingängen oder auf den Türschwellen *Engelwurzsamen* streut.

Mit Quellwasser, Osterwasser oder geweihtem Wasser kann nun die Raumluft gesegnet werden. In der

Volksmagie wurden für den Abwehrzauber außerdem bestimmte Pflanzen im Eingangsbereich verwendet. An die Haustüre hängte man einen Kranz aus Ilexzweigen (Stechpalme) und eingeflochtenen Silberdisteln, da man glaubte, dass diese beiden stachligen Pflanzen die Abwehrkräfte des Hauses stärkten. Zusätzlich wurden links und rechts der Haustüre zwei Buchsbäumchen aufgestellt, die den Eingangsbereich schützen sollten. Auch an Türen und Schwellen angebrachte schutzmagische Zeichen waren in früheren Zeiten üblich und wurden zur Vorsorge ins Holz geschnitzt.

Eine Pflanze, die meiner Erfahrung nach durchaus Heilungsimpulse in ein beschrienes System bringen kann, ist die *Tollkirsche*. Sie wurde zwar in der Volksmagie zum Verbannen und Verfluchen benützt, doch eine Pflanze, die dazu verwendet wurde, trägt auch die Lösungsimpulse dafür in sich. Nach dem homöopathischen Prinzip: »Ähnliches heilt Ähnliches«. Zum Lösen verwende ich selbst aber nicht die getrockneten Pflanzenteile (Vorsicht: giftig!), sondern das homöopathisch aufbereitete Globuli *Belladonna*. Während der rituellen oder systemischen Arbeit am Altar verräuchere ich Belladonna (Tollkirsche) in einer C 200-Potenz, da die vergeistigte Form der Pflanze meiner Erfahrung nach hier mehr Lösungskraft hat. Wenn eine spürbare Lösung im Haussystem erfolgt ist, kann man mit einer Räucherung aus *Engelwurz* zusammen mit herzöffnenden Pflanzen wie *Rose, Styrax, Vanille* etc. die Vergebung und Heilung unterstützen und das System für den universellen Fluss des Lebens und der Liebe öffnen.

Tore in die Erdunterwelt

In der Natur gibt es energetische Orte, die auf mich wie der Eingang in eine andere Dimension wirken. Bildlich gesprochen empfinde ich diese Tore wie Eingänge zu einer riesigen, energetischen »Kompostierungsanlage« für Restemotionen Verstorbener. Diese werden wie von einem Magnet angezogen, gleichzeitig scheinen sie aber auch eine Art Verlangen danach zu haben, durch das Tor in die Erdunterwelt zu gelangen. Wenn ein Gebäude auf solch einem »Erdtor« gebaut wurde, ist dies für die Bewohner ausgesprochen unangenehm und schwierig. Unsere Vorfahren mit ihrem Gespür für Plätze wären niemals auf den Gedanken gekommen, diese Orte zu bebauen. Heute, wo die Planung von Baugrundstücken auf dem Reißbrett im Architektenbüro erfolgt, kann solch ein Dilemma jedoch durchaus vorkommen. Demzufolge sind Häuser, die auf solchen Plätzen stehen, meist nicht älter als zirka sechzig Jahre.

Das Schwierige für die Bewohner solcher Plätze ist die Tatsache, dass die Restenergien Verstorbener scheinbar eine Art Abkürzung durch menschliches Bewusstsein nehmen. Das bedeutet, dass die Bewohner eines solchen Ortes von Informationen und Gefühlen, die nicht zu ihrem persönlichen System gehören, überflutet werden. Für die betreffende Person kann dies ausgesprochen kräftezehrend und anstrengend sein, wenn sie es nicht schafft, sich von dieser Flut von Eindrücken abzugrenzen. Eine wirkliche Lösung für die Bewohner ist in diesem Fall nicht möglich, weshalb dies für mich der einzige Grund ist, einen Auszug zu empfehlen. Zur

Beruhigung möchte ich jedoch darauf hinweisen, dass diese Erdtore, wie ich sie nenne, nicht besonders häufig vorkommen. In den zwei folgenden Beispielen möchte ich aber die ungewöhnliche Dynamik verdeutlichen, die sich an solchen Orten entwickeln kann.

DAS HOTEL

Das Phänomen eines »Erdtores« war sehr deutlich in einem neuen, noblen Ferienhotel zu spüren. Bei den Gästen war es sehr beliebt, die Angestellten des Hotels erkrankten aber extrem häufig und ausgesprochen schwer. Dies hatte einen ständigen Personalwechsel zur Folge, was die Hotelleitung veranlasste, mich zu einem energetischen Reinigungsritual einzuladen.

In einem zentralen Aufenthaltsraum des Gebäudes blieb mir beim Besichtigen des Hotels förmlich die Luft weg und mir wurde übel. Wie ein Sog zog alle Lebensenergie nach unten in die Tiefe. Bei der Besprechung mit dem Personal erkundigte ich mich speziell nach diesem Raum. Daraufhin erzählten mir die Angestellten, dass sie beim Durchqueren des Raumes bemerkt hatten, dass sie ihn so schnell wie möglich und mit angehaltenem Atem durchliefen. In dem Raum selbst versuchten sie sich so wenig wie möglich aufzuhalten. Auf meine Frage, warum das so sei, antworteten sie, dass sie sich dort einfach nicht wohl fühlten und dass sie sich sogar etwas gruselten.

Der Raum selbst jedoch war sehr schön und geschmackvoll eingerichtet, hatte viel Licht und war großzügig gestaltet. Auf das Verhalten der Gäste angesprochen, erzählten die Angestellten, dass auch die Gäste den Raum zu meiden schienen. Obwohl er äußerlich so ansprechend war, hielt sich dort selten jemand auf, und die Sitzgelegenheiten entlang der Wände waren trotz des schönen Ausblicks fast immer leer. Als ich mich daraufhin auf einen der Sessel setzen wollte, hatte ich das starke Empfinden, dass er bereits belegt war. In diesem Moment öffnete sich mein inneres Auge und ich nahm wahr, dass auch die anderen Plätze energetisch besetzt waren.

Diese Energien erkannte ich als emotionale Abspaltungen Verstorbener und konnte sie in ihrer Verdichtung vor meinem inneren Auge wie menschliche Gestalten sehen. Es war eine Atmosphäre wie in einem Wartesaal und ich bemerkte, dass sich immer wieder eine der Gestalten löste und verschwand. In der Mitte des Raumes konnte ich ein großes, dunkles Loch wahrnehmen, das auf diese Energien eine Art Sog ausübte. Der Strom der emotionalen Abspaltungsenergien nahm trotz intensiver ritueller Lösungsarbeit kein Ende. Dieses Phänomen brachte mir die Erkenntnis, dass die so genannten »Erdtore« Wandlungsplätze für emotionale Abspaltungen sind, die vom gesamten Umfeld her angezogen werden. Es war meine erste Begegnung mit einem »Erdtor«, und ich war davon sehr beeindruckt.

Die Problematik des Hotels war durch meine Arbeit nicht wirklich zu lösen. Um die Situation abzumildern und um zu entspannen, riet ich, den besagten Raum regelmäßig und häufig mit reinigenden und segnenden Kräutern zu räuchern.

DER KUHSTALL

Nach einem Vortrag fragte mich eine Bäuerin zu ihrer Situation um Rat, denn sie habe seit Jahren Verdruss mit ihrem Stall. Der Hof wurde in den 70er-Jahren auf einer ehemaligen Kuhwiese erbaut und seither scheint ein Schatten über dem Stall zu liegen, der im hinteren Bereich des Hofes steht. Die Kühe dort sind sehr oft krank, sie haben schwere Geburten und viele der Kälber sterben bald nach der Geburt. Es gab häufig Fehlgeburten, und auch Missbildungen bei den Kälbern kamen vor. Sowohl medizinische Untersuchungen des Tierarztes als auch homöopathische Behandlungen blieben ohne Erfolg. Die Sache spitzte sich zu, als vor einigen Jahren bei der Stallarbeit ein Arbeiter schwer verunglückte. Im Wohnbereich des Hofes war nichts Auffälliges festzustellen und die Menschen fühlten sich wohl und waren gesund.

Um die schwierige und belastende Situation im Stall zu verändern, hatte die Bäuerin schon viele unterschiedliche Versuche unternommen. Als Erstes holte sie den Ortsgeistlichen, um das Gebäude segnen zu lassen, und hängte im Stall ein Kreuz auf. Neben dem Stall ließ sie eine Mariengrotte errichten und ein Baubiologe untersuchte das Gebäude auf elektromagnetische Strahlungen und Wasseradern. Sie selbst räucherte im Stall regelmäßig und hatte eine in der Gegend bekannte Hellseherin zu Rate gezogen. Diese sagte, dass sie viele »Geister« im Stall sehen könne und versuchte, sie zu erlösen.

Ich selbst kannte den Hof nur von dem Bericht der Bäuerin und hatte ihn nie mit eigenen Augen gesehen.

Während ihrer Erzählung wurden die energetischen Verhältnisse im Stall für mich deutlich sichtbar und mir wurde klar, dass auch meine Arbeit keine wirkliche Lösung bringen kann. Selbst über die räumliche Entfernung zum Stall hatte ich die Energie eines »Erdtores« wahrgenommen. Wenn dem so war, würde dies bedeuten, dass der Strom der emotionalen Abspaltungen Verstorbener, der vom »Erdtor« angezogen wird und von der hellsichtigen Frau als »Geister« bezeichnet wurde, nicht enden wird.

In diesem Fall konnte ich der Bäuerin nicht weiterhelfen und ich bat sie, zu prüfen, ob sie den Stall an einem anderen Platz neu errichten lassen und den alten als Lagerraum oder Garage verwenden könnte.

Wenn Häuser sterben wollen

Manche Häuser sind im Laufe der Jahrhunderte müde geworden. Sie standen vielleicht schon lange leer und fangen nun an zu verfallen. Ihre Bausubstanz ist marode, der Hausschwamm wächst in den Mauern, im Gebälk wohnt der Holzbock (Holzschädling) und die Räume riechen nach Schimmel. Wenn diese Häuser reden könnten, würden sie uns wohl mitteilen, dass es genug ist und sie den Ballast ihrer uralten Geschichte abwerfen wollen. Doch dies ist nicht unbedingt vom Alter eines Hauses abhängig. Es können 400 Jahre alte Häuser noch in ihrer energetischen Kraft und voller Vitalität sein, während andere, jüngere Häuser beginnen, sich energetisch zu verabschieden. Ähnlich wie alte Bäume lebt der eine ein Jahrhundert länger, während der andere seine Vitalität zurückzieht und dürre Äste entwickelt, bis er ganz abstirbt.

Ich selbst liebe alte Häuser und freue mich über jede gelungene Renovierung. Trotzdem kann ich Eigentümer verstehen, die nach sorgsamem Abwägen ein altes Gebäude abreißen lassen. Immer wieder werde ich zum Räuchern in solche Häuser gerufen, weil der Besitzer sich im rituellen Rahmen von dem Haus verabschieden und gleichzeitig dem Haus ein würdiges Ende geben will. Dies ist durchaus sinnvoll, vor allem wenn die Menschen ihre Kindheit dort verbracht haben und viele Erinnerungen damit verbinden. So können sie zum einen bewusst den zu Ende gehenden Zyklus für sich und das Haus erleben, und zum anderen lösen sich im rituellen Rahmen alte Verhaftungen und menschliche Schmerzdynamiken auf, falls solche im Haus verhaftet waren. Damit ist nach dem Abriss des Gebäudes der Ort frei von alten Schmerzmustern und kann, ohne dass alte Dynamiken übernommen werden, neu bebaut werden.

PFLANZENBEWUCHS UND WAS ER UNS MITTEILT

Wenn ich in der warmen Jahreszeit zu einem Haus gerufen werde, beachte ich stets, wie schon erwähnt, die Vegetation des Gartens in der unmittelbaren Umgebung des Hauses. Denn auch das Wesen der Pflanzen und ihre Aufgaben sind unter anderem zu nähren und zu heilen. Sie siedeln sich gerne an Orten an, die ihren Ansprüchen an Bodenqualität, Nährstoffgehalt und Helligkeit entsprechen. Gleichzeitig kommen sie gehäuft an Plätzen und Orten vor, an denen ihre Heilkraft vom Ort selbst oder den dort ansässigen Menschen benötigt wird. Pflanzen sind so genannte Bodenanzeiger, das heißt, sie zeigen die Bodenqualität (z.B. Stickstoffgehalt, Kalk etc.) an. Auf der feinstofflichen Ebene wirken sie ähnlich und machen verschiedene energetische Qualitäten sichtbar. Heilpflanzen wachsen dort, wo sie benötigt werden. Bereits der große Mediziner Paracelsus (1493–1541) sagte: »Einer jeden Krankheit wachset sein Kräutlein« – dieses Kräutlein wächst meist in der unmittelbaren Umgebung. Wenden wir diesen Satz in unserem Garten an, geht es hier hauptsächlich um den Wildwuchs, das so genannte Unkraut, und nicht um die angepflanzten Gartenstauden.

Manchmal verändert sich durch den Einzug in ein neues Haus auch die Pflanzenwelt im Garten, ohne dass die neuen Bewohner dies bewusst anstreben. Mit der neuen Familie sind andere Themenbereiche in das Haus- und Gartensystem gekommen, wodurch andere Pflanzenarten angezogen werden. Wenn sich über län-

Die Pflanzenwelt im Garten verrät, wie Haus und Bewohner sich fühlen.

gere Zeit eine Pflanzenfamilie besonders hervorhebt, spiegelt sie den akuten Themenbereich des Systems wider. Um das Auf und Ab der Wildvegetation beobachten zu können, muss ihr im Garten Raum gegeben werden. Die Heilkräuter sollen ja für ihre Aufgabe die Möglichkeit haben, sich anzusiedeln und auszubreiten. Dieses Gleichgewichtsspiel des Ortes zeigt sich nicht immer in der Menge der jeweiligen Pflanzen, sondern häufig durch besonders kraftvolles Wachstum oder indem der aufmerksame Betrachter von ihnen innerlich berührt wird. Doch auch mit gepflanzten und gepflegten

Gartenstauden kann durchaus eine ähnliche Dynamik entstehen wie mit den Wildkräutern, wobei die Vorliebe der Familie für bestimmte Pflanzenarten dabei möglicherweise ein Hinweis auf bestimmte Themenfelder ist.

Wenn ich zu einer Hausräucherung gerufen werde und mir eine bestimmte Pflanzenart besonders auffällt, gebe ich frisch gepflückte Teile dieser Pflanze in die Räuchermischung hinein. Einige Pflanzen entwickeln ihre Kraft allerdings nicht über das Verräuchern, sondern werden als **Kaltwasserauszug** im ganzen Gebäude versprüht. Hierzu wird eine Hand voll der Pflanze in kaltem Quellwasser 24 Stunden lang angesetzt und danach abgeseiht. Für das Ansetzen ist die Zeit, in der der Mond zunimmt, besonders geeignet. Man kann das Glas, in dem die Pflanzenteile ausgezogen werden, an ein Ostfenster stellen. Das Aufgehen des Mondes und der Sonne unterstützt das Herausziehen des Pflanzengeistes aus der Pflanzenmasse.

Es gibt aber auch Pflanzen, die sich überall stark ausbreiten, weshalb sie nicht unbedingt als Anzeiger feinstofflicher Themenbereiche zu sehen sind. Eine sich ausgesprochen stark vermehrende Pflanze ist zum Beispiel der *Giersch*. Man kann ihn als Frühjahrsgemüse essen, aber er trägt auch wie alle Pflanzen zum Heilen bei. In meiner Arbeit habe ich jedoch noch kein Gebäudesystem erlebt, das eine Räucherung mit Giersch benötigte, obwohl er in vielen Gärten das Bild bestimmt. Ich möchte damit ausdrücken, dass darauf zu achten ist, ob man auf einer geistig-emotionalen Ebene von einer bestimmten Pflanze angesprochen wird oder nicht. Nur wenn dies der Fall ist, ist es ein Hinweis darauf, dass diese Pflanze Heilungsimpulse in das System geben kann. Ich sage ganz bewusst »angesprochen«, da im weiteren Sinn durchaus eine Kommunikation mit der Pflanze besteht. Die jeweilige Pflanze drängt sich mit ihrer eigenen Botschaft in die Aufmerksamkeit des Menschen.

Die Wirkungsweise einer Pflanze über ihr Erscheinungsbild begreifen und deuten lernen, nennt man Signaturenlehre. Darüber hinaus ist es möglich, das jeweilige Thema des Ortes durch den Pflanzenbewuchs zu erkennen. In den folgenden Pflanzenbeschreibungen lege ich meinen Blick auf das, was die Pflanze in Bezug zu Plätzen, Orten und Haussystemen mitteilt. Ihre phytotherapeutische Heilkraft und ihre seelischen Heilwirkungen auf den Menschen stehen dabei im Hintergrund. Wichtig sind mir die Informationen, die sie im Zusammenhang mit dem Ort gibt, an dem sie wächst. Ich bitte Sie aber beim Lesen darum, auch hier nicht zu pauschalisieren, sondern aufmerksam das jeweilige Haussystem in seiner Ganzheit zu betrachten. Die folgenden Beschreibungen sollen als Hinweise genommen werden, um den durch die Pflanzen darstellenden Aspekt im Gesamtsystem zu prüfen.

Akelei *Aquilegia vulgaris*

Wilde Akelei und Salomonsiegel wachsen besonders gerne an so genannten Elfenplätzen. Ein Garten voller Akelei, vor allem die blau-violette Wildsorte, dazu eine zart blühende Hundsrose – schon formt sich ein märchenhafter Garten. Ihre natürlichen Standorte sind lichte Waldränder und Lichtungen. Orte, an denen man sich gerne ausruht und von der Schönheit des Platzes berühren lässt. Dort kommt man leicht ins Träumen und vielleicht zeigt sich vor dem inneren Auge der Reigen anderer Wesensarten, wenn das Tagesbewusstsein nachlässt. Wenn in einem Garten die wilde Akelei gehäuft vorkommt, ist dort eine Vielzahl von Naturwesen beheimatet. Dies ist ein gutes Zeichen für das gesamte Haussystem, denn wenn sich Naturwesen, die ja eng mit den seelischen Qualitäten eines Ortes verbunden sind, wohl fühlen und ansiedeln, ist auch das System auf der seelischen Ebene in Harmonie. Die Kräfte und Energien des Platzes sind lebendig und ausgeglichen, weshalb dies auch für Menschen ein angenehmer Ort zum Leben ist. Wenn das nicht der Fall sein sollte, hat man es wahrscheinlich mit anderen Dynamiken zu tun und nicht mit der Energiequalität des Ortes selbst.

Efeu *Hedera helix*

Der Efeu wächst gerne an feuchten und schattigen bis halbschattigen Plätzen. Mit seinen Haftwurzeln klammert er sich an Bäumen oder Gebäuden fest und beginnt damit eine Reise von der Dunkelheit zum Licht. Auf dieser Reise verändern sich seine Blätter von einem fünfzackigen Stern, der zum Boden hinweist, zu herz- und eiförmigen, ovalen Blättern. Er blüht und fruchtet gegen die Zeit, das heißt, er beginnt im Spätherbst zu blühen und seine Beeren, die giftig sind, reifen über den Winter zum Frühjahr hin. Durch seine Gestalt und das Wachstum berichtet er über sein Wesen und über die in ihm wirkenden seelischen Themenbereiche. Mit der Unterstützung von außen (Bäume, Mauern etc.) wandelt er unbewusste Themen und bringt sie ins Licht des Bewusstseins.

Der natürliche Standort des Efeus sind Wälder, in denen er partiell bodendeckend vorkommt und nur vereinzelt an Baumstämmen emporwächst. Diese Plätze wirken oft sehr schön und etwas verwunschen, es sind jedoch Orte, an denen das menschliche Energiesystem nicht aufgeladen wird. Durch solche Orte zu wandern ist durchaus anregend, dort zu verweilen aber führt häufig zu Schwere, Dumpfheit und Müdigkeit. Vielfach sind diese Plätze mit Erdstrahlen und Wasseradern belastet oder es handelt sich um energetische »Erdtore« (siehe Seite 123 f.). Erdtore sind Energiepunkte unserer Erde, an denen der Erdenergiestrom nach innen, dem Erdmittelpunkt entgegenfließt.

Verlassen wir nun mit unserer Betrachtung die natürlichen, wilden Standorte des Efeus und sehen uns die Orte an, an denen er die Menschen und ihre Bauwerke begleitet. Häufig wächst er auf Friedhöfen, an alten Bäumen in Parkanlagen oder an Häusern und alten Gemäuern. Es ist auffallend, dass er an diesen Orten, die mit der Geschichte der Menschen verbunden sind, weitaus deutlicher hinauf zum Licht strebt als an seinen natürlichen Waldstandorten. Wenn wir Kinder darum bitten, für uns ein mit Efeu bewachsenes Haus zu zeichnen, wird dies ziemlich sicher eine Burgruine sein. Eine Eule sitzt auf dem Dach und ein schauerliches Gespenst schaut aus dem Fenster. Diese kindlichen Bilder erfassen sehr deutlich die Themen, die den Efeuplätzen und der damit verbundenen menschlichen Geschichte innewohnen. In Gebäuden, an denen Efeu ausgesprochen üppig, groß und stattlich wächst, wirken häufig noch Restemotionen Verstorbener, die dort schon seit Jahrhunderten verhaftet sein können. Der Grund dieser starken Verhaftung kann unter anderem die Lage des Gebäudes sein, das eventuell an einer erdenergetisch schwierigen Stelle steht. Ein anderer Grund kann die besonders starke Erdbezogenheit der emotionalen Restenergien sein, so dass sie als erkaltete Energie wahrgenommen wird.

Die Ausstrahlung (der Habitus) von mit Efeu bewachsenen, alten Gebäuden ist meist feucht, dunkel und düster. Der Efeu wirkt an dieser Stelle jedoch durchaus heilend, da er innere Impulse dafür gibt, den Schatten ans Licht zu bringen. Die Angst vor den Schatten der Vergangenheit, die über den Gebäuden liegt, ist eine häufige Begleiterscheinung eines von Efeu geprägten Haussystems. Und mit Hilfe eben dieses Efeus kann der innere Themenkomplex gelöst werden. Dazu eignet sich sowohl das Verräuchern von *Efeublüten- und -beeren* (*Vorsicht:* giftig!) als auch das mehrmalige Versprühen des Kaltwasserauszugs der ovalen Blätter.

Mistel *Viscum album*

Die Mistel wächst als Halbschmarotzer auf den unterschiedlichsten Bäumen. Sehr häufig finden wir sie auf Obstgehölzen wie Apfel und Birne oder auf Pappeln. Plätze, an denen die Mistel gehäuft vorkommt, haben ausgesprochen viele und unterschiedliche Strahlungsquellen. Es können zum Beispiel Orte mit vermehrter kosmischer Einstrahlung sein oder Plätze, an denen das Grundstück von einem dichten unterirdischen Wasseradernetz durchzogen ist. Starker Mistelbefall, auch »Drudenbesen« genannt, ist hier ein Platzanzeiger und weist darauf hin, dass diese Orte für die menschliche Gesundheit – sei es körperlicher oder seelischer Natur – eher problematisch sind. Die Fülle an unterschiedlichen Energien, die auf das Haussystem einwirken, kann von den Bewohnern unter Umständen in ihrer Vielzahl nicht verarbeitet werden.

Steinklee *Melilotus off.*

Der duftende Steinklee wächst an Wegrändern, Schutthalden und Kiesgruben. Das bedeutet, dass er bevorzugt auf kargem, kiesigem und trockenem Boden gedeiht. Die Pflanze kann bis zu 90 cm hoch werden, hat dreizählige Blätter und eine Vielzahl kleiner, gelber Blüten. Sein auffälligstes Merkmal ist sein eindringlicher und lieblicher Cumaringeruch. Für gewöhnlich entfaltet sich erst beim Trocknungsprozess einer Pflanze das Cumarin-Aroma. Typische Beispiele dafür sind der Waldmeister und der Geruch von frischem Heu. Beim Steinklee ist dies jedoch anders, denn er verströmt den stimmungsaufhellenden Geruch des Cumarins bereits als Frischpflanze. Der Inhaltsstoff Cumarin wirkt leicht blutverdünnend und erhellt das Gemüt. Orte, an denen die Erde durch Bauarbeiten verletzt wurde oder an denen in der menschlichen Geschichte Verletzungen stattgefunden haben, entsprechen dem energetischen Standort des Steinklees. Dies können Schutthalden oder neue Baugebiete, aber auch militärische Übungsplätze oder alte Kriegsschauplätze sein.

Wenn sich der Steinklee in einem Garten hervorhebt, ist zu unterscheiden, ob der Grund dafür in der neuen Bebauung des Grundstücks liegt oder ob die Verletzung, die er anzeigt, auf einer tieferen Ebene im energetischen System besteht. Nur wenn Letzteres die Ursache ist, benötigt der Ort Heilungsimpulse durch Ritualarbeit. Sehr häufig sind diese Verletzungen alte kriegerische Auseinandersetzungen, die sich als Raumprägung am Ort halten. Ein Grund dafür kann sein, dass verstorbene Krieger ihren Tod nicht wahrhaben wollen oder können.

Thuja *Thuja occidentalis*

Immer wieder findet man in Gärten alte, allein stehende Bäume, die eng mit dem Haus verwoben sind. Diese wohlwollenden Baumpersönlichkeiten fungieren gleichsam als Wächter oder Repräsentanten des Ortssystems. Dementsprechend nenne ich sie Schutz- oder Wächterbäume. Die Baumart und Sorte kann sehr unterschiedlich sein. Auf alten Höfen sind es häufig Obst- und Fruchtbäume wie Apfel, Birne, Kirsche, Holunder oder Walnuss. Auch alte Linden sind gute Ortswächter. In städtischen Gegenden kommen vermehrt Eichen, Eibe, Eschen, Thujen und Koniferen als Baumwächter vor, die entsprechend ihrer Art unterschiedliche Themen in sich tragen. Diese großen, alten Bäume sind eng mit dem Genius Loci (siehe Seite 32 ff.) eines Ortes verbunden und unterstützen das System des Platzes.

Wenn ich zu einem Gebäude gerufen werde, an dem ein Wächterbaum steht, nehme ich innerlich mit ihm Kontakt auf, bitte ihn um Unterstützung und verwende meist eine Hand voll Blätter und Zweige zum Räuchern. Diese mische ich in die Räuchermischung und verteile dadurch ihre heilende Information im Raum. Eine andere Möglichkeit ist der schon beschriebene Kaltwasserauszug (siehe Seite 131), der dann in den Räumen versprüht werden kann. Der freundschaftliche Kontakt mit diesen Wächterbäumen unterstützt stets die dem Ort innewohnende Lebendigkeit und Kraft. Thuja, die auch Lebensbaum genannt wird, gilt als ausgesprochen wachstumsfreudiger Baum, der auch nach starkem Zuschnitt wieder austreibt. Diese starke vegetative Kraft, zusammen mit ihrem immergrünen Habitus, ist der Grund, weshalb die Thuja gerne als Heckenpflanze verwendet wird.

Doch in meiner Arbeit geht es um die Aufgabe der Thuja als Wächterbaum, deren Thema erfahrungsgemäß das Familiensystem ist, und in diesem Zusammenhang ist mir eine interessante Dynamik aufgefallen: Wenn ein Lebensbaum, der unempfindlich ist und auf jedem Standort wächst, plötzlich eingeht, ist dies auffallend und ich versuche, die Situation entsprechend zu durchleuchten. In den seltenen Fällen, in denen ein Thujawächter eingegangen ist, lag immer die gleiche Dynamik im Haus- oder Familiensystem vor: Jedes Mal war in dem betroffenen Haus die direkte Familienlinie ausgestorben – wenn zum Beispiel ein Ehepaar verstarb und keine direkten Nachkommen hinterließ. Das Haus konnte also nicht an eigene Kinder oder Enkel weitergegeben werden, sondern wurde an Neffen, Nichten oder weiter entfernte Verwandte vererbt. Von diesen Erben wurde ich dann gebeten, das Gebäude, bevor sie es abreißen ließen, energetisch zu räuchern und zu reinigen.

Die direkte Blutslinie stirbt also mit dem Gebäude, das bald abgerissen wird, aus. Meist verdorrten die Thujawächter im Sterbejahr des alten Menschen. Einmal geschah es, dass eine Woche nach dem Versterben einer verwitweten alten Frau ein Sturm den Wipfel einer großen Blautanne abbrach. Der Sturz dieses Baumgipfels traf eine in der Nähe stehende einzelne Säulenthuja, die davon zerschmettert wurde.

Solche und ähnliche Vorkommnisse weisen mich darauf hin, dass die Thuja, die kein heimischer Baum ist, die Aufgabe des Wacholders übernommen hat. Unser heimischer Wacholder, dessen Themen die Ahnen und die Blutslinie sind, findet man nämlich nur noch ausgesprochen selten in unseren Gärten, so dass er seine Aufgabe als Platzanzeiger nicht mehr übernehmen kann. Die Thuja, die sehr oft in Gärten vorkommt, macht Situationen im Familiensystem stellvertretend für den Wacholder sichtbar.

Über die Wirkung der Thuja beim Verräuchern gehe ich nochmals im Kapitel »Räucherpflanzen« auf Seite 159 f. ein.

EINWEIHUNGEN UND SEGNUNGEN

Wenn wir eine Wohnung oder ein Haus beziehen, können wir zur Einweihung eine kleine Feierlichkeit oder ein Segnungsritual veranstalten. Ob in größerem Rahmen mit Freunden und Verwandten oder nur für sich allein, es ist immer etwas Besonderes, für den nun fertig eingerichteten Raum den Segen zu erbitten. In katholischen, meist ländlichen Gegenden wird zum Einsegnen eines Hauses oder eines Gebäudes der örtliche Geistliche geholt. In früheren Zeiten wurden bereits im Bau symbolische und segnende Gegenstände verankert. Im süddeutschen und im österreichischen Raum beispielsweise mauerte man ein rot gefärbtes Ei über der Eingangstür ein. Die Farbe Rot galt dabei als Farbe des Lebens und das Ei als Symbol der Fruchtbarkeit.

Das Fundament wurde speziell eingesegnet und in bestimmten Gegenden die Haarlocke eines Kindes als Zeichen von Wachstum in den Baumörtel gegeben. Das Richtfest, die Einsegnung mit dem Ortsgeistlichen sowie das Überbringen von Salz und Brot von den Nachbarn waren feste Bräuche beim Bau und Einzug in ein neues Haus – und sind es zum Teil bis heute geblieben.

Auch ältere Wohnungen können nach einem Einzug für die neuen Bewohner eingesegnet werden. So kann man beispielsweise jeden Raum der neuen Wohnung oder des Hauses in einem rituell symbolischen Akt in Besitz nehmen, das heißt sich dort energetisch ausbreiten, Raum einnehmen und um göttlichen Segen bitten. Bildlich gesprochen wird hier der Raum in uns nach außen hin erweitert – vom Herzensraum zum Lebensraum. Um diesen Prozess zu unterstützen, kann man um

Mit der passenden Räuchermischung kann jeder Raum individuell gesegnet werden.

das Wohlwollen der Vergangenheit des Ortes und um den Segen für die Zukunft bitten. Jedes Zimmer einer Wohnung bzw. die wichtigsten Zimmer eines Hauses werden gegebenenfalls bestimmten Kräften geweiht. Zum Einweihungsritual können zum Beispiel folgende Sätze laut formuliert werden:

»*Diesen Küchenraum, der für mich das Herz meiner Wohnung symbolisiert, weihe ich der Nahrung auf allen Ebenen, dem unendlichen Strom der Fülle mit der Zuversicht, dass alle Hungrigen hier genährt werden und diese Fülle nach außen tragen.*« Oder: »*Diesen Platz am Tisch weihe ich der Kommunikation, der Familie, dem Austausch und der Freundschaft.«* Für das Schlafzimmer: *»Ich rufe den Frieden, den Ausgleich, die Lust und die Liebe in diesen Raum …«*

Jedes Familienmitglied kann den für sich stimmigen Segen in den eigenen Raum geben. Die gemeinschaftlichen Räume werden von allen Familienmitgliedern gemeinsam eingesegnet. Dabei kann man mit einer Räuchermischung aus *Weihrauch, Rose, Lavendel, Thymian* und *Styrax* räuchern. Um symbolisch Licht in die Räume zu bringen, werden Kerzen entzündet, Blumen aufgestellt und geweihtes Wasser oder Rosenwasser versprüht. Der Fantasie beim Gestalten der Feierlichkeiten bei der Einweihung sind keine Grenzen gesetzt. Nach dem feierlichen Ritual wird gemeinsam gespeist und gefeiert.

RÄUCHERPFLANZEN

Zum Räuchern kann grundsätzlich jede getrocknete Heilpflanze verwendet werden. Beim rituellen oder heilenden Räuchern geht es in erster Linie stets um die Wirkung der Kräuter und weniger um deren Wohlgeruch. Dies muss man wissen, denn viele Pflanzen wirken sehr gut, haben beim Verräuchern aber keinen starken oder guten Eigengeruch. Ist der Duft nicht so gut, empfiehlt sich, wie bereits beschrieben, das Beimengen aromatischer und wohlriechender Kräuter und Harze.

Man mischt dabei immer diejenigen Kräuter, Harze und Wurzeln oder Gehölze zusammen, die sich gegenseitig in ihrer Wirkung unterstützen. So kann man etwa reinigende, schützende oder das Selbstbewusstsein stärkende Pflanzen zusammengeben oder solche, die Herz öffnend, entspannend, segnend und aphrodisierend wirken. Es empfiehlt sich, die Mischung nicht zu groß zu machen, das heißt, drei bis fünf verschiedene Pflanzenarten sind meist genug. Die abendländische Tradition verlangt allerdings sieben oder neun Kräuter, da diese

Zahlen unseren Vorfahren bei der magischen Arbeit mit Pflanzen wichtig waren.

Selbstverständlich ist die Verräucherung von einzelnen Kräutern oder Harzen ebenso möglich und sinnvoll wie die von Räuchermischungen. Zur energetischen Räucherung von Häusern und Gebäuden empfehle ich allerdings Mischungen, um unterschiedliche pflanzliche Lösungsimpulse in das Haussystem zu geben. Die im Gebäude verhafteten Themen werden durch die Mischung auf einer breiteren Ebene bearbeitet. Da Pflanzen sehr stark im Seelischen verwurzelt sind, fungieren sie gerade für seelische und emotionale Ebenen ausgezeichnet als Heilmittel. Nicht umsonst wird das Pflanzenreich in der bildenden Kunst und in der Dichtung so geliebt und als Metapher genutzt. Die Sprache der Blumen beispielsweise ist eine reale und kraftvolle Sprache. In einer Vielzahl von Märchen, Mythen und Geschichten wird sie genauso verwendet wie auf Gemälden und Skulpturen.

Für Menschen, die umfassender in die seelisch/geistigen Qualitäten der einzelnen Pflanzen einsteigen wollen, sei hier auf mein Buch *Räuchern mit heimischen Kräutern* verwiesen. Die Mehrzahl der im Folgenden genannten Pflanzen ist dort ausführlicher beschrieben.

Wie bereits erwähnt, ist es neben dem Verräuchern getrockneter Pflanzenteile auch möglich, homöopathisch aufbereitete Substanzen in Form von Globuli zu verräuchern, um Heilungsimpulse in Häuser und Räume zu geben. Die Globuli verschmoren sehr schnell auf der glühenden Kohle und man kann lediglich den verkohlten Milchzucker riechen. Ich gebe für jeden belasteten

Raum im Gebäude/in der Wohnung 2 bis 3 Kügelchen auf die Räucherkohle. Meist mische ich die Globuli in die für das Haussystem ausgesuchte Räuchermischung aus Kräutern und Harzen hinein. Verräucherte Globuli entfalten ihre Wirkung in der Raumatmosphäre sehr stark, meist sogar direkter und intensiver als Harze und Kräuter. Damit eine heilende Wirkung im Raum erlebt werden kann, muss das jeweilige Mittel exakt auf das Haussystem abgestimmt sein. Hier ist die Unterstützung eines/r erfahrenen Homöopath/In einzuholen.

Beifuß *Artemisia vulgaris*

Eine Räucherung mit Beifuß wird in Räumen verwendet, um erstarrte und erkaltete Energien wieder in Bewegung zu bringen. Die Ursachen für einen stockenden Energiefluss können unterschiedlich sein. Der Beifuß löst daher nicht unbedingt die Ursachen auf, sondern bringt Wärme und Bewegung in das energetische System. Auf körperlicher Ebene ist der Beifuß mit seinen Bitterstoffen eine Verdauungshilfe. Dasselbe gilt für »unverdaute« Emotionen auf der raumenergetischen Ebene. Ferner war der Beifuß ebenso wie die Wetterkerze/Königskerze und das Johanniskraut eine Pflanze, mit der unsere Vorfahren gegen Gewitter räucherten.
Dies bedeutet, dass der Beifuß die Information der Entspannung in sich trägt. Dementsprechend kann er zusammen mit Königskerze und Johanniskraut bei hohem Spannungsgehalt verräuchert werden, wie zum Beispiel

bei emotionaler Ladung (häufige Streitereien) oder bei elektrischer Spannung.

Copal *Bursera graveolens*

Das Copalharz ist in seiner Wirkung dem Weihrauch sehr ähnlich. Es öffnet die geistigen Ebenen und segnet. Da im Abendland der Weihrauch kulturgeschichtlich geprägt ist, arbeite ich weitaus lieber mit dem aus Südamerika stammenden und geschichtlich neutralen Copalharz. Bei vielen Räucherungen nehme ich den weißen Copal als Trägersubstanz, da er reinigende Pflanzen ebenso in ihrer Wirkung unterstützt wie Selbstbewusstsein fördernde oder Herz öffnende Kräuter. Copal reinigt, öffnet den Zugang zum Höheren und segnet bei Hausräucherungen.

Eibe *Taxus baccxata*

Die Eibe ist ein Sinnbild für den Tod und wird immer dann in Räumen verräuchert, wenn ein Schlusspunkt in einer Dynamik zu setzen ist. Mit dem Verräuchern von Zweigspitzen der Eibe entsteht Klarheit darüber, dass etwas nun endgültig vorbei ist. Aussagen wie »Schluss, aus, vorbei«, »Jetzt reicht es!«, »Es ist genug« etc. werden mit der Eibenräucherung in die Atmosphäre gegeben. Die Eibe ist giftig und darf deshalb auf keinen Fall eingenommen werden! Beim Verräuchern ist unbedingt das Fenster zu öffnen, denn sie wirkt auch beim Verräuchern leicht toxisch! Aus dem Gift der Eibe wurden früher Giftpfeile gefertigt und aus ihrem Holz Armbrüste hergestellt. Als immergrüner Baum wird sie gerne als Zeichen des »ewigen Lebens« auf Friedhöfe gepflanzt.

Engelwurz *Angelica sp.*

Der Samen und die zerkleinerte Wurzel der Engelwurz ist seit alters her der Haupträucherstoff, wenn Verstorbene Schwierigkeiten haben, sich vom Irdischen zu trennen. Lange bevor der Weihrauch diese Aufgabe mit übernommen hat, räucherte man die Sterbezimmer mit der leicht nach Sellerie riechenden Engelwurz aus. Sie wurde als Engel in Pflanzengestalt gesehen und hat sehr stark transformierende Kräfte. Sie wandelt Restenergien und führt diese, wie ein hilfreicher Engel, ins Licht.

Es bietet sich an, auch heute noch mit der Engelwurz Häuser oder Wohnungen zu räuchern, in denen jemand verstorben ist. Dafür kann man sie gut mit Weihrauch oder einem anderen Harz mischen. Darüber hinaus ist die Engelwurz eine große Schutzpflanze. Durch ihre Lichtkräfte bildet sich beim Abräuchern mit ihr ein Lichtmantel um den Körper oder das Gebäude und durchlichtet die Aura. Die Engelwurz ist ideal zur Reinigung alter Häuser mit Jahrhundert langer Geschichte, um deren Raumprägung zu transformieren.

Fichtenharz *Picea abies*

Das Fichtenharz ist im Handel auch unter dem Begriff »Burgunderharz« erhältlich. Wenn man das Harz selbst vom Baum absammelt, ist darauf zu achten, dass der Baum durch das Abnehmen des Harzes nicht wieder verletzt wird. Fichtenharz wurde früher zur Wundbehandlung verwendet und wirkt auf der emotionalen Ebene ebenfalls wundheilend. Seelischer Schmerz, alte, vergessene emotionale Wunden kommen mit dem Rauch des Fichtenharzes ans Licht, um gesehen und geheilt zu werden. Wenn in Häusern eine Schmerzkörper-Dynamik besteht, kann mit Fichtenharz diese Dynamik unterbrochen werden. Zusammen mit Salbei, Engelwurz oder Wacholder vermag es gerade bei alten Häusern mit einer schmerzvollen Geschichte lösende Heilungsimpulse zu geben.

Holunder *Sambucus nigra*

Der Holunder gilt seit Jahrhunderten als Schutzbaum (bzw. -strauch) für Häuser und bringt beim Verräuchern seiner Blüten viel Segen für das Hausgefüge. Das in ihm wirkende seelische Hauptthema ist die richtige Handlung zum richtigen Zeitpunkt. Die Holunderräucherung unterstützt wesentlich den Entscheidungsprozess Verstorbener, ihre im Haus verhafteten Restenergien zu lösen und zu sich ins Jenseits zu nehmen. Um diesen Prozess der Annahme und die damit verbundene Wandlung dieser Energien zu aktivieren, lässt sich Holunder gut mit Engelwurz und Fichtenharz mischen. Wenn der Verstorbene zur Blutlinie der Hausbewohner gehörte, kann man Wacholderspitzen dazu geben.

Johanniskraut
Hypericum perforatum

Trotz der großen Heilkraft des Johanniskrauts in der Phytotherapie wird es beim Verräuchern nicht allzu häufig verwendet. Es kann jedoch als Teil der traditionellen »Wetterräucherung« das gute Klima in Räumen unterstützen, da es sanft erhellend wirkt. Bei beständigem und mehrmaligem Räuchern von Johanniskraut beginnt sich eine bedrückende und düstere Atmosphäre zu wandeln. Bei energetischen Altemotionen, wie beispielsweise Depressionen vergangener Bewohner, kann das Johanniskraut zusammen mit Engelwurzsamen, Waldmeister und homöopathischen Globuli (Aurum metallicum C30) das Raumklima ändern und Licht und Leichtigkeit verströmen. Darüber hinaus bewirkt es Entspannung bei geladener Energie (siehe auch Beifuß und Königskerze, Seite 146 f. und 152).

Katzenminze *Nepeta cateria*

Katzenminze ist ein ichstärkendes Kraut und hilft dabei, eigene Bedürfnisse von den Erwartungen anderer Menschen unterscheiden zu können. Sie zu verräuchern, ist immer dann ratsam, wenn es darum geht, ungewöhnliche oder unübliche Wege zu gehen. Bei der Hausräucherung fördert die Katzenminze individuelle Konzepte, auch wenn das Umfeld diese nicht akzeptieren will. So kann man sie zum Beispiel verwenden, wenn in einem traditionellen Ortsgefüge ein altes Haus umgestaltet und neu genützt werden soll. Sie stärkt dabei das Haussystem, die Bewohner und die veränderte Form der Gebäudenutzung.

Kiefer *Pinus sylvestris*

Aus der Kiefer wird Terpentinöl und das Harz Kolophonium gewonnen. Ich verwende zum Räuchern am liebsten selbst gesammeltes Kiefernharz. Es hat eine sehr tiefe, beruhigende und bereinigende Wirkung. Das Kiefernharz erwärmt, reinigt und macht Stimmungen weich. Wirken in Räumen Restemotionen von Selbstvorwürfen, Schuldgefühlen und Hader, ist eine Räucherung mit Kiefernharz das richtige. Überwiegen in einem Haussystem Schuldthemen, kann man dem Kiefernharz noch Ysop beimengen. Liegt der Schwerpunkt hingegen auf einer Verhärtung von Vorwürfen gegen sich selbst oder anderen, gibt man Rose und Styrax dazu. Die Raumatmosphäre wird damit schnell weich und ruhig, so dass Vertrauen aufgebaut werden kann.

Königskerze *Verbascum sp.*

Die Königskerze, auch Wetterkerze genannt, taucht immer dort gehäuft auf, wo sich Spannung aufbaut, fungiert also als energetischer Anzeiger für Energieladungen. Die Aufgabe dieser stattlichen Pflanze ist es, durch ihre entladende Wirkung diese Spannung abzubauen. In früheren Zeiten wurde die Königskerze verräuchert, wenn ein Gewitter im Anzug war. Im Verräuchern breitete sich die Information der Entladung über das Anwesen aus, so dass die intensive Entladung des Gewitters an einem anderen Ort stattfinden konnte.

Heute kann man die Königskerze bei allen Arten von Spannung verräuchern: In Häusern, in denen viel gestritten wird und viel geladene Emotionen vorherrschen, hilft sie, die Raumatmosphäre zu entladen. Und bei Elektrosmog oder intensiven Erdstrahlen kann ebenfalls entlastend mit der Königskerze geräuchert werden. Die Spannung wird aber selbstverständlich wieder aufgebaut, wenn die Ursache nicht behoben wird. Solange dies nicht möglich ist, kann man mit den Blüten, Knospen und Samen (nicht mit den Blättern) der Königskerze und mit dem Verräuchern von Verbascum (D12 – C30) die Raumenergie immer wieder klären und erleichtern.

ꟻ Lärchenharz *Larix decidua*

Das Lärchenharz ist über den Handel nur schwer erhältlich und wird am besten selbst von den Bäumen abgenommen. Bei allen selbst gesammelten Harzen ist es wichtig, dass das Harz nicht mehr klebt, sondern bereits am Stamm abgetrocknet ist. Zum einen ist die Baumwunde dann verheilt, zum anderen hat das Harz, wenn es hart ist, den richtigen Reifegrad und ist besser zu handhaben. Die Wirkung des Lärchenharzes ist warm, leicht und verspielt. In Mythen und Märchen wird erzählt, dass wohlgesinnte Waldfeen in den Lärchen wohnen. Der Geruch beim Verräuchern von Lärchenharz spricht die am Ort wohnenden Naturwesen an. Beim Einsegnen von Häusern verströmt es Lebendigkeit und unterstützt das Vertrauen und die Spontanität. Es ist ein ideales Harz, um eine neu bezogene Wohnung zu weihen oder kindlichen Zuwachs zu feiern.

Lavendel *Lavandula angustifolia*

Die reinigende Kraft des Lavendels ist sanft und segnend. Er schwingt hell, klar und hoch. Traditionell verräucherte man ihn zusammen mit Thymian, Rosenblättern und Lärchenharz im Wochenbett. Der Lavendel fördert und segnet den Neuanfang auf allen Ebenen. Man kann ihn gut in Häusern verwenden, in denen Vertrauen und Neubeginn unterstützt werden soll. Zum

Einsegnen neuer Häuser ist er ebenso geeignet wie nach dem Umzug in eine andere Wohnung. Lavendel unterstützt das Wiederherstellen von Klarheit und Ordnung bei energetischem Chaos. Zusätzlich hilft er, Zukunftsvisionen zu erkennen und das Leben zu segnen.

Minze *Menta sp.*

Die Minze hat die Qualität, Menschen und das Energiegefüge eines Raumes in die Gegenwart zu bringen. Sie löst die Bindung an die Vergangenheit auf, erfrischt und hilft, das Hier und Jetzt zu bejahen. Mit Hilfe der Minze wird das Interesse an der Gegenwart wieder geweckt. Häuser, die in einem »Dornröschenschlaf« liegen (siehe auch Seite 117 ff.), können mit einer Räucherung aus Minzblättern zu ihrer Lebendigkeit zurückfinden. Zum Räuchern nimmt man die getrockneten Blätter der üblichen Minzsorten – jede klassisch riechende Minze eignet sich dafür. Heimische Minzsorten sind zum Beispiel die Ackerminze, die Wasserminze und die Rossminze. Für den Garten kann man die unterschiedlichsten Sorten kultivieren. Eine andere Möglichkeit, an getrocknete Minzblätter zu gelangen, ist der Pfefferminztee vom Küchenregal.

ꟹ Myrrhe *Resina myrrha*

Das bittere Myrrhenharz ist der Ausgleich zum Weihrauch. So wie der Weihrauch den geistigen Bereich öffnet, wirkt das Myrrheharz erdend. Es verbindet uns mit der Materie, mit der Erde, die viele Naturvölker als ihre »Große Mutter« ansehen. Myrrhenharz unterstützt das Weibliche, und in diesem Zusammenhang verwende ich es in Häusern immer dann, wenn das Weibliche im Haussystem oder in der Familie nicht geehrt und geachtet wurde. Wenn in der Geschichte des Hauses bzw. der darin lebenden Familie viel Leid und Unterdrückung herrschten oder Gewalttaten gegenüber dem weiblichen Geschlecht verübt wurden, ist Myrrhe das Räucherharz der Wahl. Myrrhe bedeutet das Bittere, und beim Verräuchern von Myrrheharz geht es darum, das Bittere in der weiblichen Seele zum Heilen zu bringen. Dies geschieht durch *Achten und Würdigen der Frauen im System und ihrer Geschichte.*

Rainfarn *Tanacetum vulgare*

Die gelb blühende, aromatische Staude ist Bestandteil der herkömmlichen entspannenden Räuchermischung gegen aufziehende Gewitter. Wie all die alten Wetterkräuter wächst er gerne auf Plätzen mit erhöhter Spannung. Insekten aller Art werden von seiner Blüte angezogen, Wespen, schillernde Fliegen, Käfer und Läuse.

Interessanterweise kehrt sich dieses Prinzip beim Trocknen der Pflanze um, denn der Rainfarn wirkt beim Verräuchern – oder in die Wäsche gelegt – gegen Insekten. Beim Verräuchern stärkt er das Selbstwertgefühl und unterstützt die Abwehr. Deshalb wird er seit Jahrhunderten zum Schutz vor Energie saugenden Wesen (Vampirismus) eingesetzt. Bei der energetischen Hausräucherung stärkt er das hauseigene System und schützt vor negativen Projektionen der Mitmenschen.
Vorsicht: Er ist leicht giftig und kann bei Schwangerschaft zu Blutungen führen! Kinder und Schwangere sollten ihn deshalb nicht verräuchern!

Rose *Rosa ssp.*

Die Rose hilft, das Herz zu öffnen und den ausgleichenden Liebesfluss des Herzchakras zu aktivieren. Sie vereinigt Gegensätze und bringt Harmonie. Da die Rose beim Verräuchern keinen starken Eigengeruch hat, ist es sinnvoll, sie mit aromatischen Kräutern oder Harzen zu mischen. Weihrauch unterstreicht hier den segnenden Charakter der Rose, Styrax verstärkt die Aktivierung der Herzenskraft. In Häusern und Wohnungen wird Rose immer dann verräuchert, wenn es darum geht, das Herz für den Heilungsprozess zu öffnen, Vergebung, Verständnis und Hingabe zu aktivieren. Wenn das Verräuchern von Blütenblättern, zum Beispiel der duftenden Damaszener-Rose, nicht möglich ist, kann man auch Rosenwasser durch Versprühen in die Raumatmosphäre bringen. Beim Einsegnen neuer Häuser und Wohnungen wird durch die Kraft der Rose die Schönheit des Haussystems erweckt. Die Rose steht für Harmonie des Herzens und den Ausgleich in Liebe.

Rosmarin *Rosmarinus officinalis*

Der Rosmarin ist eine mediterrane Gewürzpflanze, deren Geruch uns wohlbekannt ist. Für die seelische Ebene kann er verräuchert werden, wenn der Tod eines lieben Menschen verarbeitet werden muss. Mit Beifuß und Eibe (*Vorsicht:* Die Eibe ist giftig! Nicht einnehmen und beim Räuchern Fenster öffnen!) bietet er gute Unterstützung, so dass der Verstorbene von den trauernden Angehörigen losgelassen werden kann.

Im Rosmarin wirken zwei Impulse: Liebe und Tod. Deshalb kann man ihn immer dann einsetzen, wenn man Liebgewonnenes gehen lassen muss. Das Liebgewonnene muss dabei nicht unbedingt eine Person sein, es kann sich auch um eine Wohnung oder um ein Haus handeln, aus dem man ausziehen muss, obwohl man gerne bleiben würde. Das heißt also, Rosmarin ist immer dann zu verwenden, wenn man sich von einer Herzensangelegenheit verabschieden muss.

Salbei *Salvia officinalis*

Der Salbei ist eine häufig verwendete Reinigungspflanze. Er wirkt zentrierend, abgrenzend, reinigend, fördert die Konzentration und den Selbstschutz. Mit seiner Hilfe besinnt man sich auf die eigenen Stärken und kann deutlich unterscheiden, welche Themen zur eigenen Person gehören und welche nicht. Bei der Hausreinigung vertreibt die Salbeiräucherung die Energien, die nicht zum Haussystem gehören. *Aber aufgepasst:* Was vertrieben wurde, kann wieder zurückkehren, denn der Salbei hat keine transformierenden Kräfte!
Zum Verräuchern verwendet man die getrockneten Blätter des gewöhnlichen Gartensalbeis. Wer keine Pflanze zur Verfügung hat, kann ebenso gut Salbeitee verwenden. Ein ausgesprochen intensives Aroma besitzt der amerikanische weiße Salbei, der aus trockenen Wüstenregionen stammt und unter dem Begriff »White Sage« im Handel erhältlich ist.

Styrax *Liquidambar orientalis*

Styrax mit seinem vanilligen Duft öffnet die Herzenskräfte und unterstützt das Vergeben und den Liebesfluss. Alle Räucherungen, die das Herz öffnen, sind gleichzeitig segnend. Segen bedeutet letzten Endes, sich mit einem großen »Ja« zur Schöpfung hinzuwenden, sich dem Lebendigsein hinzugeben. Mit dieser großen

Bejahung wird vom Höheren das Füllhorn der unendlichen Lebensfülle ausgegossen. Bei Häusern und der Ritualarbeit am Hausaltar verräuchere ich Styrax, wenn das Herz beginnt, sich zu öffnen, aber noch scheu ist und Unterstützung braucht, um Vertrauen zu fassen. Styrax eignet sich immer dann, wenn etwas gesegnet wird – deshalb kann man also auch gut Gebäude mit ihm einsegnen.

Thuja *Thuja occidentalis*

Der ursprünglich vom amerikanischen Kontinent stammende Baum wurde von den Ureinwohnern Amerikas zum Räuchern sehr geschätzt. Er half ihnen, ihre Visionen bei Zeremonien frei fließen zu lassen und unterstützte sie bei ihrer »Jagd« nach Heilkräutern, da die Pflanzengeister dem Geruch besonders verbunden waren. Thuja, der Lebensbaum, wird als ausgesprochen vegetativer und immergrüner Baum gerne auf Friedhöfe und als Heckenpflanze gepflanzt. Beim Verräuchern verströmt er einen aromatischen Geruch. *Aber Vorsicht:* Thuja ist giftig! Schwangere sollten Thuja meiden, da durch die Thujondämpfe Wehen ausgelöst werden können! Daher bitte die Thuja sehr dosiert verräuchern!

Häuser, in denen geistige Enge herrscht, benötigen oftmals eine Räucherung mit Thuja. Die Abgrenzung nach außen und das Eintauchen in die systemeigenen Schatten sind ein Hauptthema von Thujaräucherungen. In der Regel handelt es sich um Haussysteme, in denen aus Angst ausgesprochen traditionell, fast verbissen, am Althergebrachten festgehalten wird. Hier hilft Thuja dabei, die Schatten der eigenen Angst zu überwinden und auf geistiger Ebene toleranter, freier und lebendiger zu werden.

Lesen Sie auch noch einmal im Kapitel »Pflanzenbewuchs und was er uns mitteilt« auf Seite 138 ff. nach, wo ich auf Thuja als Schutz- und Wächterbaum näher eingehe.

Thymian *Thymus vulgaris*

Der Thymian bringt in erster Linie Mut und stärkt den Willen. Im Mittelalter wurde er in dunklen Zeiten verwendet, um den Lebenswillen und die Durchhaltekraft zu stärken. Traditionell wurde der Thymian im Wochenbett verräuchert, um den Lebenswillen zu fördern und Mutter und Kind vor »Krankheitsdämonen und lebenskraftsaugenden Wesen« zu schützen, was sicherlich auch seiner antiseptischen Wirkung zuzuschreiben ist. Der Wille zum Leben, zur Inkarnation, zum In-der-Welt-Stehen, in ihr zu wirken und sich von Rückschlägen nicht abhalten zu lassen, ist ein grundlegendes Thema des Thymians. Der Thymianrauch kann in Häusern verräuchert werden, in denen dieser Lebenswille fehlt und viel Siechtum stattgefunden hat.

ꟿ Wacholder *Juniperus communis*

Der Wacholder wirkt selbst in sehr hoher Verdünnung noch keimtötend. Aus diesem Grund wurde er früher zur Desinfektion der Raumluft in Krankenzimmern gebraucht. In dieser Eigenschaft kann man ihn auch heute noch verwenden, wenn beispielsweise in der Familie Erkältungskrankheiten umgehen. Dafür verlassen alle Personen, einschließlich des Kranken, für kurze Zeit das Krankenzimmer. Die Fenster sind für die desinfizierende Räucherung fest verschlossen. In das Zimmer wird eine Räucherschale gestellt und Wacholdernadeln (keine Beeren) aufgelegt. Zirka 20 Minuten lang kann man nun wieder und wieder die verkohlten Wacholdernadeln von der glühenden Kohle entfernen und neue nachlegen. Danach wird gelüftet und der Kranke kann sich wieder in sein Bett legen.

Die seelische Ebene von Wacholder ist der Kontakt zur eigenen Ahnenlinie. Immer, wenn in Räumen schmerzhafte Verstrickungen zur eigenen Blutlinie spürbar sind, hilft die Wacholderräucherung dabei, sie zu erkennen und Lösungsimpulse, das heißt Vergebung, zu aktivieren. Je nach Thema können entweder Herz öffnende Kräuter und Harze beigemengt werde (z.B. Styrax, Rose und Rosmarin) oder reinigende Kräuter (z.B. Fichtenharz, Holunder, Salbei oder Eibe).

Waldmeister *Galium odoratum*

Die kleine, aber kraftvolle Pflanze, die im Frühjahr zur Bowle hergenommen wird, ist ein fröhliches und lebenslustiges Kraut. Der Inhaltsstoff Cumarin bewirkt, dass man sich angeregt, lebendig und glücklich fühlt. Beim Verräuchern der Blätter und Blüten ist die Wirkung des Waldmeisters segnend und lebensbejahend. Er unterstützt die Lebendigkeit, Glücksgefühle und Neuanfänge. Um Neubauten einzuweihen oder nach Umzügen ist er zusammen mit Rose, Lavendel, Thymian und einem aromatischen Harz wie Weihrauch, Copal oder Lärchenharz wunderbar dafür geeignet, Segen zu verströmen. Mariengras, Ruchgras und das amerikanische Sweetgras haben eine ähnlich segnende Wirkung auf das Haus und die Familie wie der Waldmeister.

Weihrauch *Boswellia sacra*

Das Weihrauchharz kann sehr vielseitig beim Räuchern verwendet werden. Die alten Ägypter nährten damit ihre Götter, gleichzeitig reinigten sie ihre Getreidekammern mit Weihrauch von Getreidemotten. Überall dort, wo Weihrauch bekannt war, räucherte man ihn zu den sakralen Riten, so auch heute noch in der katholischen Kirche. Der Weihrauch öffnet den Zugang zur geistigen Welt, zum Himmlischen. Bei Häusern und in Wohnungen setze ich ihn gerne zum Segnen ein, aber auch zur

Kontaktaufnahme mit Verstorbenen – insbesondere dann, wenn diese oder die Familie eng mit dem christlichen Glauben durch die Kirche verbunden sind. Der Geruch, der den Verstorbenen vom Kirchgang und der Andacht her vertraut ist, lässt die Skepsis bei der Kontaktaufnahme schwinden und unterstützt das Zuwenden zur Lösungsarbeit.

Wermut *Artemisia absinthium*

Der Wermut trägt vielseitige Aspekte in sich. An dieser Stelle beschränke ich mich auf seine Wirkungsweise in Bezug auf Häuser bzw. Wohnungen. Sein Name verrät viel über eine seiner wichtigsten Eigenschaften; Wehr-Mut – der Mut sich zu wehren. Immer, wenn das Gefühl von Bedrohung auf dem Gebäude liegt, ein nicht richtig fassbarer Schatten, kann der Wermut das Haussystem auf eine reale und konkrete Ebene bringen und schützen. Die innere Kraft, auch die Abwehrkraft des Systems, wird gestärkt und vitalisiert. Düstere Emotionen und Stimmungen können mit dem Wermut durchlichtet und gewandelt werden.

Der Wermut ist ein Korbblütler, deshalb kann es bei Menschen mit Neigung zu Allergien zu allergischen Reaktionen kommen.

Ysop *Hyssopus officinalis*

Der Ysop ist auf einer sehr tiefen und nachhaltigen Weise reinigend. Diese würzig riechende, meist blau blühende Pflanze hat ihren Platz im Kräuterbeet wohlverdient. Bereits im alten Testament wurden zu ihren Ehren Psalmen verfasst: »Begieße mich mit Ysop und ich werde rein sein …« Er unterstützt das Betrachten und die Auseinandersetzung mit Schuldthemen. Wenn in einem Gebäude, in einer Wohnung die Themen Scham, Schuld und Schande schwingen, ist eine Räucherung mit Ysop angebracht, denn er unterstützt das Lösen von Schuldkonzepten, hilft dabei, Verantwortung anzunehmen und konstruktive Wege für einen Ausgleich zu finden. Ysop unterbricht eine vernichtende Schuld-Dynamik und reinigt so die Atmosphäre der Räume.

DANK

Ich möchte vor allem Inge Schuster danken für ihre große Unterstützung beim Formulieren diffiziler Themenbereiche. Es war für mich ein großer Genuss, mit ihr zusammen am Schreibtisch zu sitzen, sich über die verschiedenen Ebenen der Sprache auszutauschen, während sie mein handgeschriebenes Manuskript in den PC eingab. Außerdem danke ich Angela Dopfer-Werner, Rainer Engler, Sabine Friesch und Atita Hammes für ihr Korrekturlesen und für die geistige und emotionale Unterstützung bei meiner Arbeit und dem Buchprojekt. Ulrike Reverey, meiner Lektorin, möchte ich danken für ihr Vertrauen in das Manuskript, und nicht zuletzt bedanke ich mich bei meiner Tochter Agnes für die Geduld, die sie mit ihrer am Schreibtisch sitzenden Mama hatte.

LITERATUR

Angeline Bauer: *Heilende Märchen – Geschichten, die Kinder stark machen. Märchen gegen Kinderängste und -sorgen. Damit das Selbstbewusstsein wächst.* Südwest Verlag, ein Unternehmen der Verlagsgruppe Random House GmbH, München 2002

Hervé Fillipetti/Janine Trotereau: *Zauber, Riten und Symbole.* Neuer Pawlak Verlag, Filderstadt-Bonlanden 1992

Roger Kalbermatten: *Wesen und Signatur der Heilpflanzen.* AT Verlag, CH-Baden 2005

Marko Pogacnik: *Schule der Geomantie.* Droemer-Knaur-Verlag, München 2000

Marko Pogacnik: *Elementarwesen. Die Gefühlsebene der Erde.* Droemer-Knaur-Verlag, München 2000

Siegfried Seligmann: *Die magischen Heil- und Schutzmittel aus der belebten Natur.* Reimer-Verlag, Berlin 1999

Renato Strassmann: *Baumheilkunde.* AT-Verlag, CH-Baden 2006

Eckhart Tolle: *Jetzt! Die Kraft der Gegenwart.* Kamphausen-Verlag, Bielefeld 2003

Eckhart Tolle: *Die neue Erde.* Goldmann Verlag, München 2005

SACHREGISTER

(in Klammern gesetzte Pflanzennamen verweisen auf geeignetes Räucherwerk zu den genannten Themen, sofern nicht auf den jeweiligen Seiten bereits genannt.)

PFLANZENREGISTER

Homöopathisches:

KONTAKT

Wenn Sie mehr über die energetische Haus- und Wohnungsräucherung bzw. über die Praxis des Räucherns mit einheimischen Pflanzen erfahren möchten oder sich für Seminare und Vorträge interessieren, so richten Sie Ihre Anfragen bitte an den Verlag oder wenden sich direkt an die Autorin unter folgender Adresse:

Marlis Bader

Zentrum für ganzheitliche Lebensart ZEGALA
E-Mail: info@zegala.de
Internet: www.marlisbader.de

Alles rund ums Räucherwerk (z.B. von Marlis Bader hergestellte Räuchermischungen, Räucherschalen, Räucherfedern, Räucherpflanzen etc.) können Sie beziehen über: